始于极限

女性主义往复书简

[日] 上野千鹤子
×
[日] 铃木凉美
著

曹逸冰 译

新星出版社 NEW STAR PRESS

新经典文化股份有限公司
www.readinglife.com
出 品

目录

情色资本 ... 1

母女 ... 27

恋爱与性 ... 47

婚姻 ... 73

认可欲求 ... 95

能力 ... 119

工作 ... 145

独立 ... 171

团结 ... 191

女性主义 ...211

自由 ... 239

男人 ... 261

代后记 ... 287

情色资本

> 女性无法接受自己是"受害者"的态度，是否会阻碍女性运动？

上野千鹤子老师：

这次通信的题目"始于极限"，是我和幻冬舍两位相识已久的女编辑坐在会议室里琢磨出来的。此刻写出来一看，倒觉得合适得很，所以请允许我先简单聊聊这个题目。

关键词"极限"出自您对我最近寄赠的那本书的点评。那本书叫《想变成可爱、狡猾又刁钻的妹妹》，您表示"已经到了能用这种书名的极限"。当时我恰好接到与您连载通信的邀约，便将这个说法用作标题，暗指"立于极限的我从自己所在之处审视事物"。

极限，是意味着前方无路的分界线、不容许更进一步的底线，忍耐的极限、体力的极限、认识极限、打破极限……如此联想下来，我意识到这些年生活的世界都位于边界之内，正如标题呈现的那样，而我今后应该拥抱的世界就在极限之外。既然要思考今后的世界会是怎样一番景象，那么"边界"似乎是个不错的视角。我很庆幸自己在年龄与心境都应该与时俱进、走向成熟的时候,从您手中接过这样一个绝妙的词语。

巧合的是,在我们开始通信的当下,新冠疫情似乎进一步凸显了世界和日本面临的问题。刚好在我写信的这一周,日本政府宣布延长紧急事态宣言。❶ 无论在经济层面还是精神层面,许多人的焦虑都已经达到极限。生活方面也出现前所未有的种种限制,肯定把许多人逼到了忍耐的极限。在处于极限的社会大环境下与您交流,我感觉特别有意义。

然后是我个人面临的最大"极限"……最近,我对自己长久以来钻研的主题产生了种种疑问,萌生了自我审视的念头。这也与第一轮通信的主题深度相关,所以我想先大致讲讲自己写作的动机与背景,权当向读者做个自我介绍,再谈谈我近来的一些困扰。

由我的硕士论文改编的《"AV 女演员"的社会学》出版后,我的写作动机非常简单。用一句话概括,就是挣脱"受害者"一词织就的牢笼,在其中死命挣扎。不以受害者的姿态为"伤害"定罪,就是我要求自己拿出来的态度。

在迄今为止的人生中,我有很多"成为受害者"的机会,也着实从中受益。作为女性生活在日本社会,我在高中时就开始出入原味店❷、援交等性商品化的世界,高考后还演过 AV,后来进了一家典型的日企,一位女部长都没有的那种(不过据

---

❶ 日本的防疫政策,呼吁市民非紧急不外出,但不强制居家,也不封锁交通。——本书脚注均为编译者所加

❷ 原味店,回收女学生内衣裤的商店。

说我离职以后有了）。有幸得到写作的机会时，我发觉手头有大量素材，让我足以作为一名受害者讲述自己的故事，讲述我如何苦于性剥削、封建落后的企业文化、男女不平等的社会、内化的男性凝视，还被鼓励女性就业的口号牵着鼻子走，被迫穿上窄小的衣服与鞋子，任由某种价值观毒害到了骨子里。如果站在这样的立场上发表观点，也许多少能抚慰那些没有机会发声的沉默者的沮丧和伤痛。

但我又觉得，自己近距离观察过的女性，以及作为当事人体验过的"自己"好像都要坚强、有趣一些，也进化得更有智慧，不至于单方面地被男人的性欲所伤，而且也应该已经获得作战的武器。我感觉在这样的前提下，"被践踏者"的标签会让我们变得无趣而庸常，甚至有些碍事。一边对受害者之名竖中指，一边与不公正和暴力作斗争，这似乎是矛盾的，但好像也是可行的。

《"AV女演员"的社会学》分析了为什么AV女演员在外界看来有着过多的"主体性"。回过头来看，当年写得实在拙劣粗糙，值得反省。我在写硕士论文时想要挑战的，就是不制造假想敌，也不写成"受害报告"，便勾勒出剥削的结构和男女的共犯关系。长久以来，这个问题只在"强迫还是自愿"的框架下探讨，这让我很不舒服，也觉得两者都不贴切。因为只要观察过第一线的情况就会发现，看似自愿的她们会很自然地表现得过于"主动"，而看似受害者的她们也会理所当然地过于强调"强迫"。我明白，要避免成为受害者，就需要付出脚踏实地的努力，从根本上为未来消除伤害，所以曾经的受害者证词才如此宝贵。但说不定也有人会产生幼稚的叛逆心理，觉得"我们的经历不是为了给伤害作证才存在的"，或者想要摆脱受害者这个借口始终伴随左右的状态。我无论如何也说不出"造成伤害的是外部因素"这种话，因为关键在于男人和女人都愚蠢透顶，这是我十分强烈的实际感受。

我曾有幸在共同通信社为您的著作《战争与性暴力的比较史研究》撰写书评。这本书的尝试让我欢欣雀跃，因为您解构了"纯粹的受害者"这一框架，一针见血地指出，只有通过解构才能阐明罪恶。我至今认为，有机会阅读上野千鹤子作品的这一代女性，应该多少拥有这份力量。

我也逐渐意识到，这项工作就像是在对那些怀着善意抚慰我伤痛的人放冷箭，可能影响女性的团结，被拼命发声的人贴上冷酷无情的标签。但我仍然相信，自己读书学习不是为了做一个受害者。都怪我的表达方式太拙劣，让那些在我看来想要表达同样意思的人产生了强烈反感，对我嗤之以鼻。我趾高气扬地认为，如果能够更清晰、更有趣地描绘出所谓"加害者"的软弱和所谓"受害者"的坚强，我便能指出双方的愚蠢，而不至于招来旁人的怜悯，这也是我一直以来的态度。我还一度比较认同哈基姆❶的"情色资本"概念，认为它有助于女性摆脱受害者身份，有可能成为令我们更加复杂而强大的辅助线。

---

❶ 凯瑟琳·哈基姆（1948—），英国社会学家，将性吸引力带来的个人或团体的社会价值称为情色资本。

但我也许大错特错了。推特等社交平台让我有幸听到眼界更广、更年轻的女性的声音。在我看来,她们真正渴望的是被妥善赋予受害者之名。这些年我一直尝试摆脱无辜受害者的形象,甚至不惜暴露自己的每一分愚蠢。所以,看到人们重整旗鼓反抗传统性别歧视,对我的冲击很大。这样一来,一直致力于褪下受害者外衣的我确实妨碍了她们的运动,遭到厌恶似乎也理所当然。

前些天,我有幸与作家橘玲交流。因为我们的新书恰好在同一时期、由同一位责编协助出版。当时橘先生提议讨论的话题正是哈基姆的情色资本。其实在与他交流的前一个月,幸由《现代思想》杂志牵线搭桥,我也与年纪相对接近的社会学家贵户理惠(关西学院大学)聊了聊我们这代人心中的女性主义。从某种意义上讲,女性的商品价值是被强行赋予,再被强行剥夺,拥有与否也无关本人意愿。在这几次交流中,我谈到了我们要如何对待这种价值,在它被剥夺后又该如何生活。尤其在与贵户女士交流时,我们讨论了在价值被剥夺之后是否可以用女性主义来支撑自己的人生,聊得热火朝天。不过,我们没有把讨论扩大到将商品价值强加于人的社会基本结构,而是从当事人的角度探讨现状,思考拥有这样一具身体的我现在要如何生存下去。

身体的商品价值很早之前就是我写作的主题之一,在与橘先生交流的过程中,我也提及了哈基姆的情色资本理论。看到广大读者对这场交流的反应与批判,我发现大家的怒火没有指向现实情况。"那种价值根本就不存在!""只有一小撮女性(比如AV女演员和夜总会陪酒女郎)被赋予了那样的价值!"……抱有这种立场的读者多得超乎想象,甚至有人留言说那不是情色"资本",而是情色"债务"。这样的观点确实很有意思,我自己年轻的时候相当欢迎情色资本的概念,并将其视作对"伤害"的全新诠释,没想到放在今天,它竟伤了广大女性的自尊心,这令我大感惊讶。当然,橘先生、贵户女士和我都没有资格主张,情色就是一种资本,我们应该去运用它。现在我明白了,用"女性被赋予商品价值"来理解现状本就是不被容许的。

学生时代的我读过不少戈夫曼❶和上野老师您的作品,渐渐意识到被我们视作理所当然的举止与态度,还有习以为常的广告都披着厚厚的一层性别外衣。在我这个80后看来,这个发现非常有趣,让我切身感觉到,在前人的不懈努力下,"性别不平等造成的伤害被解构了",我们则"从受迫而为的状态进化到了明知故犯的状态",所以我们不是单纯的历史受害者,而是以复杂的方式不断重复受害与加害,同时坚强地活着。也许是我太沉浸于新发现的喜悦,疏忽了批判根深蒂固、一丝不变的更根本的"伤害"。

我带着对自身的反思观察了2019年势头强劲的#KuToo运动❷。就在几天前,谐星冈村隆史的不当发言也引起了大规模

---

❶ 戈夫曼(1922—1982),美国社会学家,代表作《日常生活中的自我呈现》提出"社会是舞台,人人皆演员"。
❷ 日本职场女性抗议工作场合强制要求女性穿高跟鞋的运动。日语中,Kutoo与"鞋"(kutsu)和"痛苦"(kutsuu)谐音。

的抗议。在我看来，今天学生们想要表达的不是"我们也很愚蠢""我们也很强大"或者"我们也占了便宜"之类的观点，而是一种不畏惧当受害者的态度。

是接纳受害者之名，还是不甘如此？怎么做才能把一个更值得活的世界交给妹妹们？说实话，我现在也很迷茫。对我来说，摆脱乏味的受害者标签，在这场游戏中急忙寻找出口，似乎会妨碍女性运动，造成二次伤害。但我也在职场、AV摄制、家庭与恋爱的第一线见证了许多女性一边顽强对抗落到头上的逆境，一边享受这个过程的模样。让她们假装可怜地讲述自己的经历，并不是我所参与的女性主义应有的姿态。

您是日本女性中首屈一指的硕学大家。我坚信您在社会学领域开启的讨论是奠基之石，让我们得以承前启后，不做无辜的受害者，而是争做贤者，解构强加给我们的一切，并反过来将其用作武器。我们已经无法假装毫无自觉，而且先人也开辟出了学习的平台，尽管这是一条布满荆棘的道路，但我感觉至少我观察过的女性都没有摆出受害者的姿态。我曾和小说家中村兔（她的年纪更偏我母亲那一辈）探讨过女性的美。她们那代人忙于消除好色大叔带来的实际危害，而我们这代人能将好色大叔定性为可怜的受害者，这让我感到时代似乎是在进化的，莫非这也是我的错觉？是我们这种嘲讽的态度在为那群大叔续命吗？我每天都在"讲述伤害"和"摆脱受害者身份"之间纠结。"我们也不是光挨打不还手""我们也干过不少荒唐事""我们也只顾着捞油水不是吗"……这种态度是否会伤害到女性呢？

不接受"自己是受害者"就无法相互理解吗？（我不愿接受这点。）归根结底，我究竟在抵触什么？为什么我会如此强烈地抵触承认自己受到了性别歧视的伤害？

2020 年 5 月 10 日

铃木凉美

> 不愿被称为受害者的心态叫"恐弱"。

铃木凉美女士：

贵函收悉。

"铃木凉美"这位年轻的女性作者刚出道便引起了我的注意。编辑提议连载通信时，我都纳闷她怎么会知道我对你感兴趣。我是没有反对，但猜测你可能不太愿意，因为我感觉我在你心里也许是个不好亲近的人。

我为你的出道作品《"AV女演员"的社会学》写过书评，也是从那时开始关注你。看完书后，我就有一种直觉：这本书没把最要紧的东西写出来。果不其然。书问世后不久，鬣狗般的媒体就曝光了你参演AV的过往。原来，这本书的雏形虽然是你在东京大学大学院北田晓大老师指导下撰写的社会学硕士论文，全文采用旁观者的立场，但你自己其实也曾是当事人。

许多男性作家出于眼馋的好奇撰写过各种关于AV女演员和性工作者的纪实作品，但从没见当事女性发声。莫非社会学领域终于出现了一位有AV从业经历的女性？《"AV女演员"

的社会学》这个书名让我燃起了希望，我还以为是AV女演员的当事人研究。但这本书采用了微妙的局外人视角，让人以为作者是有特权进入AV现场的女性撰稿人，还是一名拥有情色资本的女性，稍有不慎就可能越界成为AV女演员。全篇透露出为自己开脱的态度，传达出"这不是我"的讯息。你也许是认为，学术论文必须持旁观者的立场。

专攻AV的女性撰稿人雨宫麻美也是我很关注的一名女性。应她本人的邀请，我为其作品《别扭女子》❶的文库版写了解读文章。她解释道，她"一个女人居然"当起了AV撰稿人，就是因为"太别扭了"。她在学校处于金字塔的底层，缺乏情色资本，而AV行业对演员外表的要求越来越高，所以她很清楚自己永远都不可能越界成为演员（其实我见过她，而我并不这么认为）。这样的"别扭"我还是可以理解的。她在书中的自我分析只能用犀利来形容，但她自己并没有演过AV。她只批评AV，却没有讨论过AV女演员本身。对她来说，正是"另一边的人"这一立场为她创造了成为AV撰稿人的条件。

她的书里没有AV女演员的当事人研究，也没有夜总会陪酒女郎乃至援交少女的经验之谈。在援交掀起热潮时，男人议论原味少女、援交少女的口吻让人发自内心地厌恶。少女决定卖她们能卖的东西，这个选择并不费解。相较之下，愿意出高价购买旧内裤的男性顾客才更"费解"，但男性在谈论这些时从不会将目光投向同性。我期望这代曾经的原味少女、援交少

---

❶ "别扭女子"指对自己的女性元素缺乏自信和认可，并为此纠结和烦恼的女性。

女能产生出新的表达方式，却至今没能如愿以偿。也许在漫画和影视作品中已经出现，只是我不知道而已。

你那本书的内容有一半与我的期望相符，另一半却让我失望。其核心内容是AV女演员讲述的个人经历，能引起诸多共鸣。但这种讲述遵从AV的制作模式，颇具职业色彩。换句话说，那是带有商品属性的讲述。强调女性具有能动性、自愿选择成为性客体，是性产业的陈词滥调。因为女性的能动性可以为男性的性欲免责。

不仅如此，你还敏锐地指出这一行业暗藏成瘾性的机制，逼得AV女演员不断尝试越来越重口味的"玩法"。这是一种专业精神。她们告诉自己：我可以做到这个地步！我能冲破更多壁垒！我能挑战更高难度的花样……不愿辜负拍摄团队的期望而产生的凝聚力也能激发专业精神。这种小环境中的专业精神不仅体现在AV的拍摄现场，肯定也影响了纳粹集中营的警卫和大屠杀一线的士兵。

你勾勒出了这种专业精神的轮廓，这份敏锐着实令我感叹。不过与此同时，我也觉得你巧妙回避了核心问题。专业精神是不问职业的。无论是按摩师还是夜总会陪酒女郎，都有专业精神。关注这种精神，便有可能绕过"AV女演员究竟是怎样的工作"这一核心问题。就好像对春宫图的研究越是"高深"，就越是沉迷于对外围符号（如外表与衣着）的分析一样。画面呈现的明明是性事，但那样分析就可以对性避而不谈了。

所以你肯定也有很多事情"没说"。

你兴许是个重情分的人，一直记得我为你的第一本书写过书评。后来你每次出新书，都会寄一册给我。这些书描写了陪酒女郎的私生活、对大叔群体的观察……正是出于对你的兴趣，我每次收到书都会细细品读。在这个过程中，我对你的个人史也有了些许了解。比如你从小衣食无忧，父母受教育程度很高。你有一位聪慧的母亲，但她已经不在人世。难得你进了一家大公司，还是综合职位❶，最终却选择离职……一个才华横溢、时常挑战社会认知的年轻女性要以自由撰稿人的身份活下去，而且还是在保质期一过便弃之如敝屣的大众媒体界，她究竟会如何生存下去呢？我对你的兴趣又多出了一层。说我是"一片父母心"吧，好像也不太妥当。称之为"亲戚大妈心态"可能还更合适些。

话说三十多年前，我曾有幸与当时红透半边天的 AV 女演员黑木香对谈。令我颇感荣幸的是，人们同时称我为"社会学界的黑木香"！这个雅号是学界泰斗见田宗介老师取的。今天的读者可能对黑木女士没什么概念。要知道在男人为 Hair Nude❷ 疯癫狂乱的时候，她出其不意地高举手臂，露出了禁忌中的禁忌——腋毛。当时她还是横滨国立大学的在校生，也是

---

❶ 日企的正式员工一般分为综合职位和一般职位。综合职位可理解为管理岗，经常调职，晋升机会大，男性居多。一般职位是内勤文职，可被非正式员工替代，女性居多。

❷ 在日语里指未修除阴毛的裸照或视频。日本法律曾规定 AV 中不得出现阴毛，90 年代初解禁，掀起一股热潮。

著名的高学历 AV 女演员。

话说回来，AV 女演员以谈论"个人经历"为卖点，也是黑木女士开的先河。她那雄辩的自我表达能力和用敬语织就的独特措辞给人以知性的印象。当然，她肯定很清楚这种经历本身就是一种"商品"，在我们的对谈中，她也自始至终保持着专业的口吻。我当时由衷希望这个聪慧的女人能够毫发无损地活下去。

后来，我得知她与自己的制片人兼导演村西透发展成了情人关系，还在外景地不慎跌落，受了重伤，顿觉心头一震。因为我以为，或者说我希望，她是一个足够精明、足够酷的女人，可以同时利用那个行业和导演。当发现她也是一个愚蠢的"爱得太深的女人"时，我不由得更为她心痛。自那时起，她再也没有在媒体上露面，可直到现在，我仍然惦记她的下落。当然，我也不希望她成为媒体的饵料。

提议首次通信以"情色资本"为主题的人是我。因为我知道，你曾经的工作靠的就是情色资本。

实话告诉你，我对"情色资本"这个概念持批判态度。据说它是社会学家凯瑟琳·哈基姆参照"文化资本"和"社会资本"创造的概念，但我甚至认为它在社会学层面上根本立不住脚。因为"资本"本该是能带来利益的东西，而且除了经济资本，文化资本（学历和执照）、社会资本（人脉）等无形的资本也都是可以获得并积累的，但情色资本不仅不能通过努力获得（有人说可以，但终究是有限度的），还无法积累，只会随着年龄的增长而减少。此外，其价值只能被单方面评估，而评估的标准完全掌握在评估者手中。换句话说，在资本的所有者对资本没有控制权的状态下称其为"资本"显然是错误的。资本主义从根本上与私有权挂钩，而情色资本的归属者（即女性）是否拥有其所有权都是存疑的，在这种情况下称之为资本，不过是一种带有误导性的隐喻罢了。这个概念只是对"年轻漂亮的女人更占便宜"这一通俗的社会常识做了些学术层面的粉饰而已。

年轻漂亮成了大家口中的资本，但年轻漂亮真能产生经济价值吗？诚然，在"外表的价值"成为社会学的研究对象后，确实有些调查结果表明美女在经济上更占优势。选美比赛的获胜者可能也有更多机会找到更好的工作和结婚对象。但情色资本的含义更加露骨，因为已经形成了支付酬劳的性市场。这样一来，参与其中的女性还是拥有情色资本的"资本家"吗？开什么玩笑呢……在性市场上，仍然有巨大的经济资本在起作用，女性只不过是"情色商品"罢了。那自由职业的性工作者呢？做个体户，做自己的情色资本的所有者兼劳动者，就能自行决定如何处置这种资本了？就可以像拥有学历、IT技能等文化资本的人一样，向市场展示自己的过人之处了？正如你自己写的那样，"被强行赋予，再被强行剥夺"，"拥有与否无关本人意愿"，那这东西就不能被称作什么"资本"。

不过话说回来，为什么在性市场上，性工作者的报酬远高于女性劳动者的平均水平呢？人们常说，性工作要求身体接触，很考验熟练度，就跟按摩师一样。还有人说性工作是类似护士、心理咨询师的护理工作，说她们同样具有专业精神，为自己从事的工作感到自豪……是这样吗？可为什么性工作者的报酬跟按摩师、护士不是一个水平呢？这里明明存在一个无法用"专业精神"解答的问题，可许多评论家似乎都绕开了这一点。

你自己也在回顾过去时说，你通过短期的"夜班"大赚了一笔，但考虑到后续要还的"债"（而且这笔债恐怕会与你相伴终身），这笔交易也许并不公平。夜班的职业经历对女性余生的影响似乎比我们想象的更加持久。

夜班的代价包含了"耻辱费"。AV女演员和夜总会陪酒女郎都无法将她们的工作经历写进简历，在行业内跳槽另当别论。如果家人也干这一行，那还算好的，否则连家人都得瞒着。援交少女最害怕的莫过于被父母发现。你的过去被媒体曝光了，但你原本应该不想公开，更不想告诉父母。偷偷做父母看不惯的事情……这种感觉着实"妙不可言"。我年轻的时候也是这样。每次做出格的事，我都很清楚这些无聊的行为之所以能带来美妙的体验，正是多亏了"父母的禁止"。"禁止"的魔法一旦失效，无聊的事情就会变回了无生趣的无聊模样。

恐怕男人就是因为问心有愧，才甘愿为性服务支付包括耻辱费在内的高昂费用。女性不敢宣扬"我年轻时在夜总会陪酒赚了不少钱"，男性也同样无法抬头挺胸地说"我在夜总会和洗浴中心砸了不少钱"。不，应该是不能像以前那样说了。在烟花巷和红灯区还存在的时候，玩女人在某种程度上是财力的象征，但如今他们已经不能公开谈论这个话题。就连曾夸口"女

17

人跟钱走"的堀江Ａ梦❶,如今也只能炫耀自己可以用钱轻易请到模特和空姐参加IT大亨的联谊会,却不能公开表示自己"花钱"与她们发生性关系(哪怕他确实干过这种事)。

而著名谐星冈村隆史偏偏在媒体上公开发表了这样的言论。《All Night 日本》是一档深夜广播节目,在某种层面算是一个非主流的世界,他身上又贴着"讨不到老婆"的标签,这些因素加在一起就成了不当言论的温床。一名男性听众表示:"疫情害得我去不了风俗店,真难熬。"冈村给出的回答是:"等疫情过去,有的是美女下海三个月狂赚一笔。"如你所知,有人发起了抗议的签名运动。

谐星的直觉往往一针见血。这番话对性产业作出了无比精辟的诠释。它表明风俗业的顾客(即男性)非常清楚,风俗业是"女性可以在短时间内大赚一笔的工作",同时也是女性并不愿意从事的工作,"如果有其他选择,她们就会转身离开"。问题是,"美女们"又要如何解释简历中那三个月的空白呢?只用"待业"二字搪塞过去,然后闭口不提吗?

我想表达的意思非常简单。对女性而言,性工作是一种经济行为。如果不产生报酬,她们决不会从事性工作,这很好理解。而男性是支付报酬的消费者。他们到底在买什么?他们心底里知道那是不该用钱买的东西,所以把这份亏心转嫁给了对面的女性,不是吗?而他们最有力的借口就是"自我决定"。

---

❶ 堀江贵文(1972—),日本著名IT企业家,因长得像哆啦Ａ梦被称为"堀江Ａ梦"。少年得志后行事高调,宣扬金钱万能,爆出无数桃色新闻。

性市场建立在经济资本压倒性的性别不对称之上。除极少数例外，性市场是"属于男人、由男人主导、为男人服务的市场"。在这种结构性的前提下，得知自己会得到报酬的女性纷纷进入这一市场。知道这种报酬有限时高价的JK（高中女生的隐语）也没落下。可是，让她们了解到这一点的，正是轻浮地凑上去问"小妹妹，你收多少钱"的可耻男人。也是他们单方面将情色资本强加给她们。所以援救组织Colabo（致力于拯救夜晚在闹市区游荡的女孩）策划了一场"我们'被买了'展"。告诉女孩她们其实是"商品"的，恰恰就是男人。

我并不否认在这样的性市场中生存的女性非常强大、坚忍而富有魅力。我也能够理解她们为自己舍身工作而骄傲，对自己的专业技能颇为自信。我相信你的夜班朋友也都是极具吸引力的女性。然而，你拥有脱离夜班的选项。

可你的夜班朋友呢？她们是隐藏自己的过去，试图逐渐回归"白班"？还是无法从夜班的世界抽身，一边感受自身的情色资本随着年龄的增长而减少，一边以经营者或管理者的身份转而剥削年轻女性？铃木大介先生的小说《里奈的故事》便以写实的笔触描绘了地方城市性产业从业者的代际再生产（陪酒女郎的女儿也当了陪酒女郎）。那是一个充满贫穷、暴力和虐待的世界。

但也有你这样的年轻女性，明明不受经济条件所迫，却出于好奇、叛逆、挑战或自虐情结进入了那样的世界。你们很清楚性市场的性别不对称，还想反过来利用这一机制。男人当然会对这样的女人感兴趣。为什么？因为"女性的能动性"能为他们免责，而且在充满金钱和欲望的权力游戏中，你们也是更值得追逐的猎物。

你既然也是社会学家，肯定听说过阿马蒂亚·森的"可行能力"理论。个人的可行能力不仅取决于拥有的资源多寡，也与能力集的大小（选项的多少）有关。换句话说，因为别无选择而从事性工作的女性和拥有其他选项、随时可以离开的女性在可行能力上存在巨大的差异。可行能力强的女性将自己的职业说成"自愿的选择"，以这份工作为荣并宣扬其专业精神，这是可以理解的。问题是，她们并不能代表全体性工作者。

我曾在某网络媒体上将"与不尊重自己的男人随意发生性关系"比作"把身体和灵魂扔进阴沟"，结果遭到以性工作者自居的女性抗议，说我搞职业歧视，说她们以自己的职业为荣。这话确实没错。可令我疑惑的是，只要虚心解读这句话，就会意识到被比作"阴沟"的分明是男性。"你当我们是阴沟啊！"——照理说，男人们这样跟我抗议才说得过去（笑）。

我年轻时也经历过许多"把身体和灵魂扔进阴沟"的性事。尽管不产生报酬，但同样互不尊重。正是这份后悔促使我说出了那句话。性行为是一种棘手又麻烦的人类互动，极具侵袭性，同时也是生殖行为。有些男性表示，性工作的报酬其实也包括"逃票费"。他们不必为生殖行为的果实负责，所以要用金钱补偿。对男人来说，性产业就是一种借助金钱的力量绕过棘手又麻烦的人际关系程序、只满足自身欲望的工具。没错，你们就是"阴沟"——我是多么希望说出这句话啊。我就不绕弯子了。任何试图用金钱、权力或暴力摆布女人的男人,都是不折不扣的"阴沟"。

年过三十的你对这一代"更年轻聪慧的女性"发表了看法。你说,"她们真正渴望的是被妥善赋予受害者之名"。我觉得把"被赋予"改成"自称"会更准确些。而且希望大家不要误解了,自称受害者并不是软弱的表现,反而是强大的证明。你也说了,那是一种"不畏惧当受害者的态度"。想象一下伊藤诗织女士说出"我是性暴力的受害者"需要多大的勇气便知一二。不愿被称为受害者,无法忍受自己是弱者,这种心态叫"恐弱"。这是精英女性经常陷入的一种心态。和恐同一样,恐弱也是因为自己身上有软弱的部分,所以才格外激烈地进行审查和排斥,对软弱表现出强烈的厌恶。厌恶"慰安妇"的右翼女性就有这种思维。她们不能忍受女人摆出受害者的姿态,觉得"我和她们不一样,我不是弱者"……而对男人来说,没有比这样的女人更好对付的了。我很清楚这些心理层面的微妙之处,因为曾经的我就是一个厌女的"精英女性"。

想必你也知道,社会学领域有一个两难的问题:结构还是主体?主体作为个体越是坚持"自我决定",结构就越能被免责。在结构上处于劣势的人确实有可能在短期内反过来利用其劣势从结构中获利,但长远来看,这将导致结构的再生产。小笠原祐子女士的《OL们的"反抗"》对这一点做了淋漓尽致的阐述。主体也许能够暂时超越结构,但不可否认的是,结构的压力对主体有着压倒性优势。所以在你写过书评的那本《战争与性暴力的比较史研究》中，我们试图采取一种不否定主体能动性和多样性、也不为结构性压迫开脱的方法。

我认为你们这一代人是有些犬儒主义的（尽管我不确定这么说是否确切）。这恐怕是因为你们生在后均等法❶时代，内化了新自由主义，并且在90年代后期的性商品化浪潮中度过了青春期。和政治层面的犬儒主义一样，这种犬儒主义不会产生任何结果。而参加鲜花抗议❷的那代人还很年轻，她们没有经历过90年代末攻击女性主义的热潮，也没有被政治上的犬儒主义所污染。碰到看不惯的事情，她们就会直接说出来。

我能感觉到，这些晚辈在你看来是何等耀眼。三十多岁的你问出"怎么做才能把一个更值得活的世界交给妹妹们"似乎是早了点，不过你要是在达到这个年纪之前生了孩子，这个问题定会变得更加迫切——"怎么做才能把一个更值得活的世界交给孩子们"。尽管我没有孩子，但活到这个年纪也产生了类似的念头，想把一个更美好的世界交到下一代手里，而不是跟他们道歉说："对不起啊，我们把世界搞成了这副样子。"

你在信中写道，你在近十年的夜班学到了很多，其中就包括你强烈感受到的男女都愚蠢透顶这件事。人生中有些事是"知

---

❶ 指日本在1985年通过的《男女雇用机会均等法》。然而，该法非但没有实现男女雇用机会的平等，其要求企业提供产假和育儿假的条例反而加重了职场对女性的歧视与排挤。

❷ 以佩戴鲜花的方式抗议性暴力的社会运动，始于2019年4月。

道为好",有些却是"不知为妙"。要是你能多学到一些人的坚强与可爱而不是愚蠢,那该有多好啊。

阅读你的文字时,我不由得想,如果你说的是"我学到了人的极限",而不是"我学到了人的愚蠢",那该有多好。人人都有极限,但在达到极限之前,你无法品尝到它的滋味。唯有拼到极限的人,才能真正从骨子里感受到它。听到你把成长最快的十年,把二十岁后的十年都用在了学习男女欲望的愚蠢上,我不禁悲从中来,兴许也是婆心使然吧。

三十多岁的人失去了童年无所不能的感觉,会渐渐感觉到能力与体力层面的极限。与此同时,这也是生出"自立"的年纪。我们会扪心自问,在达到极限之前能做到什么,明确区分自己做得到的和做不到的,放弃做不到的,真诚、仔细、踏实地做那些做得到的……只有这样,才能产生自信和信任。而自信与信任是可以稳步积累的。这与他人单方面肆意赋予或剥夺的情色资本大不相同。

都怪这次的主题是情色资本,害我写了很多不说也罢的话。

其实我想与你深入探讨的是另一件事。我读过你的随笔,其中提到了你和聪慧的母亲之间的纠葛,这让我对你的母亲,还有你们的母女关系产生了兴趣。而且据我推测,这恐怕是你不愿意、不能也没有准备好去谈论的领域。

我有时会想,有一个女儿是什么感觉。女儿是母亲最激烈的批判者。我很清楚这一点,因为我自己十几岁的时候就是如此。一想到身边有这样一个残酷的批判者，我心里就发怵。这份恐惧正是我没有选择做母亲的原因之一。

恕我大胆臆测，你涉足性产业的理由之一，会不会是想成为母亲无法理解的对象？要想让她无法理解，你得先让自己无法理解自己。我猜你可能也解释不清楚自己当年为什么进入那个行业。硬要说的话，大概就是"因为母亲厌恶那一行"吧。

我从中感受到拥有聪慧母亲的女儿是多么不幸。聪慧的母亲会让她的女儿窒息。聪慧，意味着"妈妈了解你的全部"。于是孩子失去了喘息的空间，暴露在透明的视野中，无路可逃，无处可躲。"孩子长大成人"也就等于"孩子的内心怀揣了父母不了解的阴暗面"。

意识到聪慧母亲的孩子是多么不幸之后，我不由得感激自己的幸运，毕竟我有一位并不聪慧的母亲。如果孩子对父母的渴求是一道终极的二选一——"爱还是理解"，曾经的我定会回答："妈妈，我想要的是理解而不是爱。"但后来我想通了，也懂得感激她了。因为我没有得到理解，却得到了真诚耿直的爱。而且我也意识到，渴望得到理解是强人所难。我没有渴望理解的理由，也没有这个必要。对这样的我而言，脱离母亲的磁场轻而易举。因为她不理解我（尽管脱离耿直之爱的磁场伴随着另一种困难，特别是对儿子来说）。

常有母亲对即将离巢的儿女说："妈妈相信你。"但这不是理解。因为前面还有半句话——"虽然我搞不懂"。"虽然我搞不懂，但妈妈相信你，因为那是你想做的事。"这不是理解，而是相信。这种相信的基础是爱。这种耿直的爱正是父母能够给予孩子的最大的礼物。

你的母亲无疑是爱着女儿的。同时,她也想了解女儿。也许正因为如此,你这个女儿才会选择做母亲无法理解的事,做她最厌恶的事。

你在书中提到了母亲说过的话。

"我不能原谅你,因为你满不在乎地伤害了我爱到骨子里的女儿的身体和心灵。"

多么撕心裂肺的呐喊。

在和母亲对决或和解之前,你就永远失去了她,也不知这算幸运还是不幸。如果你的母亲能再长寿些……你之后的人生选择会是什么样的呢?你将继续成长,但你母亲的时间永远都定格在原处。在她死后,你仍要与她继续对话。

但失去母亲的你是自由的,因为你没有了对抗的坐标。自由是一种令人眩晕的失重状态。也许在三十出头便丧母的你此刻就站在"极限"的边缘,想知道在没有坐标的情况下,该往何方迈出第一步。

于新冠之春的新绿中

上野千鹤子

以及,还是别叫我"老师"了。毕竟我从没当过你的"老师"。

母女

> 我进入夜世界
> 与母女之间的关系密不可分。

上野千鹤子女士：

感谢您上个月那封充满爱意、真挚无比的回信。其实您是我导师的导师，所以我也当您是我的老师，不过既然您在回信里提了，那我就不用"老师"这个称呼了。小熊英二老师、北田晓大老师、福田和也老师都直接指导过我，现在细细回想起来，我从没有机会与他们进行如此正式、如此长时间的一对一交流。他们的指点都是那样难能可贵，但我从没有想过从自身经历和内心纠葛出发，向他们一吐烦恼与想法。唯一与我长期通过书信对话的，就是四年前离世的母亲，所以我已经很久没有正经写过信了。请允许我再次感谢您给我这个宝贵的机会。

对我而言，正视您指出的厌女和恐弱倾向并不轻松。要不是这次通信创造了机会，我也许都不会有勇气把它们挖出来。回想起来，我的母亲也总是通过对话挖出我心中不想被触及的部分，并毫不犹豫地把它们撂在我眼前。在阅读您的回信时，我有种奇妙的惊愕。因为您指出了母亲直到生命最后一刻都在担心的许多事情。愿意承认"愚蠢"但不承认"受害";不当报社记者,改行当作家;自以为在利用自己的身体对男人而言的价值……这些事都令母亲忧心忡忡。直到母亲去世,我才切身感受到她的担忧和恐惧有多深,因为我一次又一次以自己不情愿的方式被人们消费。这次的主题是"母女关系",所以我想结合您在回信中指出的问题,聊聊母亲与我的种种。只是不知为何,写我们母女之间的事总是很费体力,我很担心自己会词不达意。

我的母亲是一个感性的人,但她说话很有逻辑。她从不放弃在言语上与人达成理解,也从不顾忌言语上的对抗,所以与她面对面的餐桌经常演变成白热化的辩论会场,儿时的我很讨厌这种感觉。长大后回想,才意识到自己有幸生在得天独厚的成长环境——母亲总是用自己的话语与我碰撞,并希望我用同样的方式回应,而不是单方面地告诉我"我说不行就不行"或者"老师说不行就不行"。然而年幼时,不允许沉默、时刻被迫解释自身想法的环境反而让我觉得自己在言语之外没有自由。

不过到了小升初的年纪,我就注意到了看似合理的母亲所背负的矛盾。母亲出生于1950年,与您差不多同辈。她的事业与成就当然远不及您,但她在经济条件和教育条件都很优越的环境中长大。大学毕业后,她在BBC做过一段时间的口译员,后来又在资生堂的宣传部负责宣传杂志的编辑工作。就在那时,我出生了,而我父亲还只是个兼职讲师。所以那段时间,我们家一直处于"女主外男主内"的状态,父亲的时间比较自由,孩子基本都是他带,母亲成了家庭的主要经济来源。这也不算什么稀罕事,不过在当时的乡下天主教小学,我们家的情况还是比较特殊的。

母亲平日发表的言论与看法显然带有自由派色彩,很是冠冕堂皇,但我感觉在那种环境下,母亲似乎有点瞧不起她周围的家庭主妇。尽管没有具体说过轻蔑的话,但她至少会把家长会上遇到的家庭主妇称为"那群妈妈",好像不认为"那群妈妈"和她是一样的女性。在讨论时,母亲把自己和她们都归入"女性"的范畴,而在私生活中,她却把她们当作完全不同于自己的生物来对待,这是一种狡猾的做法。在父亲成为全职讲师后的一段时间里,她也专心抚养孩子,顺便做些零碎的笔译工作,但她肯定没把自己当成家庭主妇。她很抵触"太太"这个词❶,但我不认为她是觉得这个词本身有歧视女性的含义。她恐怕是认为"太太"是"那群妈妈"专用的称呼,不应该用在她身上。她嘴上否定一切歧视,但我感觉她有一种根深蒂固的歧视情结,想要与"那群妈妈"划清界限。

比起家庭主妇,她更加厌恶那些用"女人味"做生意的人。她习惯用言语解释一切,但是碰上妓女和陪酒女郎,她就完全放弃逻辑,全盘否定。此外,她对女性特有的工作(好比空姐和公司前台接待员)也有本质上相通的厌恶,尽管不及对陪酒

---

❶ "太太"的日语"奥さん"的字面意思是"里面的那位",反映了传统男女性别分工的刻板印象。

女郎的厌恶。她也意识到自己对性工作者和陪酒女郎的排斥超出了逻辑的范畴，将其归因于"自己成长在一个从事服务业的家庭"，但我认为这个解释不够充分。她的母亲（也就是我的外婆）是日式酒家的养女，后来嫁进了我外公家开的日式旅馆。所以在母亲看来，她的奶奶、外婆和母亲都是在酒席上招呼男性宾客的陪酒女郎。我的外公在别处成功创业，而且非常注重教育，所以母亲和她的弟弟们有幸接受了良好的教育，但母亲经常自嘲说，她的娘家是没有书香味的商贾人家，她的祖母和母亲成天跟醉醺醺的客人打交道。

总的来说，她强烈排斥卖弄"女人味"，但与此同时，她也有略显异常的外表至上主义倾向。化妆品和衣服的数量就不用说了，当上大学老师后，她甚至会花上一个星期反复重拍用于讲师资料的照片，显得分外执拗。而且她的这种执拗不是单纯对服饰或美的热爱，而显然是执拗于"持续做男性欲想的对象"。如果得不到"美女""真显年轻"的夸奖，不被男人欲想，她宁可不出去抛头露面。我上六年级的时候，一家人住在英国，当时她重读了研究生，成了一名儿童文学专家。但儿童文学协会和研究室里很少有打扮张扬的人，大多数人都比较朴素，不关心自己是否性感。而母亲很不愿意被人拿来和那些"土气的学者"相提并论。90年代的美剧对"女性主义者"抱有刻板印象，总把她们描绘得胖如斗牛犬、对男人深恶痛绝、脾气暴躁。我记得母亲就经常嘲笑她在儿童文学学术会议上遇到的女性，把对男性毫无吸引力的她们比作这类角色。我却觉得电视剧里的刻板人物更自洽，母亲反倒充满矛盾和倒错。简而言之，她似乎把"做一个吸引男性的女人"看得比什么都有价值，却发自内心地瞧不起那些公然将之兑换成金钱的女人。

因此正如您精准指出的那样，我进入直接将性商品化的性产业，确实与母亲厌恶、拒绝理解那个世界有关。我曾在一篇随笔中写道，母亲亲口说过这样一句话："我宁可你染指暴力或诈骗，而不是当一个妓女，那样我好歹还能够支持你。"哪怕在《日经新闻》工作时，我也会抽空去夜总会陪酒，离职后又找了一家俱乐部上班。我离开这一行是在2016年，也就是母亲去世的那一年。一方面是因为我忙于照顾她，之后又要操办后事，另一方面则是出于"好歹在母亲的最后时刻听她一句劝"的念头。但事实是，她一走，夜班的吸引力和我置身于夜世界的意义都立刻打了对折。

我不知道"想跳出母亲的理解范围"这个念头占了多大的比重，也不知道"我自己想要理解母亲最猛烈否定、拒绝理解、不想用逻辑解释的东西"又占了多大的比重。但我确实厌恶母亲的心态。她绝对意识到了男性的凝视，却从不实际交易。她希望被星探相中，但绝不会答应。她明明渴望成为价格昂贵的商品，却鄙视那些实际出卖自己的女人，这让我很不舒服，所以我彻底卖掉了自己。这固然有些鲁莽，但也是为了排遣这种不舒服的感觉。

而母亲直到最后都拒绝理解我的行为。表面上，我以为我想被理解，她的不理解让我很痛苦，但实际上，我也许并不希望她理解我。母亲还说，我可能是"在成长过程中太过顺利地得到了父母的爱与理解，所以想考验它有多么坚若磐石"。在某种程度上，我确实是想通过做他们最讨厌、最不可能理解的事情来摸清父母的爱和理解的极限。现在回想起来，对母亲而言，"超越言语的东西"就是爱的所在和对妓女的厌恶。考验绝对的爱和成为妓女，这两件事在我心里确实与母女关系密不可分。

母亲全力以赴地爱着我。与此同时，我也一直是她研究的对象。本来母亲研究的就是绘本能向孩子展示怎样的世界，以及如何与孩子产生关系，而我就是她唯一的真实样本。她从不回避言语层面的相互理解，这种性格促使她一直追着我跑，试图去理解我。我从小过得很自由，大人从不强迫我学习或工作，也不要求我打扮成他们中意的样子。但这种自由也让我毛骨悚然，仿佛母亲在拿我做实验，并饶有兴致地观察实验结果。在与母亲交谈时，我总觉得自己说的每句话对她来说都有既视感，是她能报出名字的现象，全无新的惊喜。我感到母亲热衷于育儿的原因之一，就是为了验证自己的研究。

一提起母亲，我的文字就会变得涣散，没完没了。尽管她已经不在了，我也自由了，但关于母亲的若干疑问还如鬼魂一般纠缠着我，其中大约有三个与我目前的问题直接挂钩。

我在上一封信里写道，我十分抵触讲述自己遭受的"伤害"、以受害者的身份发声。而您引导我说，自称受害者才是强大的证明。我格外抵触作为受害者发声的理由之一，确实是无法容忍自己是"弱者"。

其实我非常内疚,因为我进入了一个被母亲定性为"不像话、不美、愚蠢和肮脏"的世界,以至于我不禁认为,就算我为此遭受辱骂和性暴力,那也是咎由自取。不过我不确定这和恐弱是不是一回事。我零星记录了与母亲的对话,其中就有这样一段:进入夜世界,为了一点小钱将身体交给男人,就意味着放弃"当因此受伤时说自己受伤了"的权利。

您在上个月的回信中提到了记者伊藤诗织。我发自内心地尊敬她。但我无法像她那样表达。我只能通过咒骂、嘲笑自己的愚蠢,吞下我遭受的性暴力和辱骂。恐怕无数与暴力咫尺之遥的夜班女性都是这样。我也意识到,这种态度很接近二次伤害、自我负责论等观点,都会令受害者再次受到伤害。需要明确的是,我无意指摘受害女性行为愚蠢。但事关自己时,我从未摆脱"我无权成为受害者"的想法。因为在畏惧批评与沮丧之前,我早已对自己说尽了会造成二次伤害的妄言,根本无须他人发话。我有这样一种意识:在进入深爱自己的母亲否定的世界时,我就已经扛下了今后可能发生的所有伤害。比如我通过拍 AV 获取了报酬,但也因此失去了反对男性剥削的资格。

我不曾把这种态度强加于人,但正如您在上个月回信中写的那样,"无法忍受自己是弱者"的女人对男人而言是多么好对付,考虑到这点,我便无法忽视我这样的人有可能促进剥削结构的持续再生产,而这也是我最大的烦恼之一。在已经失去母亲的当下,我是否还有可能坚强一些,坚强到能在某种程度上原谅自己的愚蠢，称自己为受害者呢？讲述自己的愚蠢，又会不会伤害其他受害者呢？

还有一个与此相关的问题。当我离开报社，成为一名自由撰稿人时，母亲十分担忧我毫不在乎自己如何被消费。看到周刊曝光我的过去，我自然是不情愿的，但这就是我的过去，所以我没有立场提出抗议。当然，既然被曝出前 AV 女演员的经历，那只要我继续抛头露面，发表文章，必然会有人接连不断地以我不情愿的方式消费我。我认为这种不快本身是每个人或多或少都会面临的。我演过 AV 是不争的事实，我也没有权利拒绝别人把我当作"前 AV 女演员"。参加活动、上电视的时候，主办方和节目组会对我提出特殊的着装要求。周刊等媒体也会提议把当年的 AV 照片而不是近照放在简介的显眼处。这些要求我都会接受。一方面是因为我担心自己的实力比不过这段经历，一方面是害怕一旦拒绝就会被抛弃。还有一方面的原因是，我总觉得被这样对待是成为 AV 女演员或陪酒女郎的必然代价，本就包含在了报酬中。正是出于这种观念，我才反复在文章里强调：AV 女演员的片酬究竟是针对什么支付的？恐怕不仅仅是她们在片场实际投入的劳动和时间。也正是因此，主张"性工作是一种工作"的说法让我感觉不太对劲。

有时我也会感到疲惫，不知道要承受这样的对待到什么时候。这本身不是什么值得骄傲或悲观的事情。但我最近一直在想，母亲的忧虑可能更深一层。好比上一期的主题"情色资本"，我接受所有针对我用词不当的批评，因为我确实在那次对谈的最终稿里使用了"情色资本",但我在对谈中用的不是这个词。我在所有书中使用的都是"性的商品化""身体的商品价值"这样的说法,因为用惯了这些表达,也觉得它们比较贴切。整理对谈稿件的人联系我说,因为我们是从哈基姆的书聊起的,所以他们决定把我使用的那些说法和橘先生使用的外来语 erotic capital 统一成"情色资本"。我没怎么抵触,也没有深思熟虑就同意了。对方给出的理由是我们提到了哈基姆的书,但我后来意识到,他们大概更看重在标题里加上"情色"二字,再配上我的照片。在您点明之前,我没有琢磨过"情色资本"一词的不准确性,所以这件事确实是我考虑不周。最后的结果是,那篇报道除了伤害部分女性的自尊心,取悦了广大男性读者之外,并没有太大的意义。我早已见惯媒体拿我的照片配上带有"情色"二字的标题,所以不觉得这有什么,但是从结果看,我承受的这种消费确实传播了让女性不适的言辞,我也为此感到后悔。

我也知道我的部分作品常被用来为男性开脱。不仅如此,我还知道有些文章被用作攻击女性主义者的武器。所以我经常被一些主要在网上匿名行动的女性主义者抨击。这不是我的本意。要知道,那些男人只会粗粗扫视我的文章,断章取义在所难免。其实我最近很少写关于女性问题的文章,因为觉得与其让保守的男人利用我的文字攻击女性,还不如干脆不写。这些天我一直在想,母亲所忧虑的也许是我不在乎自己作为"夜班女"被消费的态度会像这样受人利用,进而伤害到其他女性,而不是我自己的尊严。

可那样也很不自由。我写过很多针对男性的坏话,但我成为作家的初衷是想书写女人的故事。我见过太多男人的糟糕之处,时而回过神来,也能看到自己的愚蠢。而且我也与许多人一样,看到了女性内心的种种矛盾。母亲的矛盾、我的矛盾、我那些为爱痴狂的朋友的矛盾,还有女人的愚蠢都是我的主题,也是我立志写作的根源。我不为取悦男人而写,但也不愿意为了不取悦男人而选择不写。我不希望我因为"会取悦男人"而被剥夺说话的权利。

我承认我的实力还不过硬,尽管如此,我还是收到了许多读者来信,它们出自心怀矛盾、被矛盾所伤、又享受着矛盾的女性之手。我不愿无视与我感同身受的女性。我知道,如果我在写作时充分考虑各个层面,就不会被事与愿违地利用;也知道如果我写的东西足够精炼,就可以避免男人的肆意曲解。我可以忍受他人将利刃对准自己,却不愿意看到我的文字被改造成指向他人的锋利武器。如何避免这种情况,是我的另一大烦恼。我有没有可能只写自己,同时避免一切取悦男人的可能性呢?

您在回信中提到,您的"扔进阴沟"言论遭到了部分性工作者的抗议。其实在那篇采访刚发出来的时候,我就听说了这件事。我也很好奇男人为何会如此无知无觉,而性工作者又为何会如此自我意识过剩。当时我刚好在幻冬舍的网站上有个随笔专栏,就在连载中提了几笔。据我猜测,男人是完全没有意识到自己是阴沟,而性工作者又隐约察觉到自己把身心扔进了阴沟，所以才会那么生气。无知无觉到极点的男人察觉不到自己有可能被瞧不起，却会截取那些看似可以用来攻击女性的语句，着实精明（反之，女性非常清楚她们可能会被蔑视，所以对再细微的表达也极为敏感）。

母亲还留下了另一个难题。那就是自从涉足夜世界之后，我再也没有真正面对过恋爱。然而在她看来，恋爱是人世间最重要的事情之一。不过再往下写，篇幅就太长了。刚巧下次的主题是性爱，到时候再与您细聊好了。

2020 年 6 月 10 日
铃木凉美

> 我不禁想象：
> 如果我有一个像你一样聪慧的女儿，
> 会是怎样一幅景象。

铃木凉美女士：

感谢你寄来坦率而诚实的回信。

这次的主题是"母女"。看完你的回信，我痛感人无法选择自己出生长大的环境。你母亲的人生态度一定对你的选择产生了巨大的影响，无论好坏。如果她不是这样一个人，你也许就不会选择这条路了。与此同时，我也再次感受到自己的幸运，因为我没有一个如此智慧而强大的母亲，不至于受到如此深远的影响。不过细细想来，我那位对女儿缺乏理解的母亲留下的"遗产"，便是我不结婚生子的选择。如此看来，母亲的影响还是在某种程度上左右了我的人生。

你的母亲"从不放弃在言语上与人达成理解"，而且你们母女"长期通过书信对话"，这着实教人羡慕，也非常罕见。我的母亲去世后，我在她的匣子里发现了我从世界各地寄回的明信片。她都小心收着，没有扔掉。但明信片上的话不过是敷衍的"嘘寒问暖"罢了。我与母亲自始至终没有进行过触及各自人生态度核心的对话。相较之下，要求你将心中所想全部"转化为语言"的环境确实是一种控制，不过与此同时，你应该也得到了锻炼。身为作家，你此刻拥有的语言能力不仅是这些年的经历构筑起来的，更是在家庭环境中培养出来的，称之为天赋也不为过。在这次来信中，你的语言能力也发挥得淋漓尽致。

"母亲和女儿"之间的关系不仅受到母亲能力的影响，也与女儿自身的能力息息相关。在许多被母亲用巨大的爱与智慧牢牢捆住的女儿中，肯定有人无法获得自我意识，甚至走上自毁之路，你却有足够的力量精准攻击母亲的阿喀琉斯之踵。

读到你对母亲的描述时，我不禁想象：如果我有一个像你一样聪慧的女儿，会是怎样一幅景象。如果我有一个与自己无比亲近的女儿，如果她会毫不留情地剜起我的矛盾、我的模棱两可、我的局限与狡猾……她又会如何描述我呢？

最能犀利看穿母亲"看似合理实则矛盾"的是女儿，被这些矛盾所捉弄的也是女儿。最近，我接受某育儿杂志的采访，主题是我的成长经历。在采访的最后，采访者抛出终极问题："对你来说，父母是什么？"我竟条件反射般地脱口而出："扰人的麻烦。"这个答案出乎意料，报出这个答案的自己更令我惊讶。孩子无法选择父母。什么样的父母对于被迫成为其子女的孩子来说都是"扰人的麻烦"。强势的父母是强势的麻烦，弱势的父母是弱势的麻烦。已故的津岛佑子[1]女士在离婚成为单亲妈

---

[1] 津岛佑子（1947—2016），小说家，著名作家太宰治的女儿，在太宰治自杀过世那年仅一岁多。

妈之后,在孩子面前上演了种种情感纠葛。她告诉自己:"以这种方式卷入父母的人生就是为人子女的宿命。"我通过不生孩子避免了沦为别人眼中的"麻烦",不过我有时也觉得,这是因为我没有足够强大的自我主义(说成"生命力"也行),无法强行将别人的人生卷进我的领域。我本以为只要称父母为"扰人的麻烦",就会遭到"不孝子""忘恩负义"之类的抨击,没想到大部分读者都点头称是。一位刚为人母的年轻女性发来感言说,"我会努力不给孩子平添烦扰的",令我有些不知所措。也许是因为年轻的父母仍然清楚记得自己的童年经历吧。不过话说回来,每个大人都曾经是孩子,很多人却把当年(完全无助的时候)受过的苦忘得一干二净,这着实不可思议。

人是复杂的。我从未见过你的母亲,也不太想根据零碎的信息对她进行类型化的描述,不过让你感到费解的那一系列行为,都是聪慧的精英女性常会采用的生存策略,即"我跟她们不一样"。不同于广大同龄女性,你的母亲受过高等教育,对自己的智识能力抱有自信且颇感自豪。即便已经结婚生子,她仍然觉得自己与那些"寻常的家庭主妇"是"不一样"的。置身高学历精英云集的学术会议时,她也认为自己和只会死读书的优等生型女性学者"不一样"。你母亲的研究方向是儿童文学。就生存策略而言,这是一个明智的选择。因为在这样一个女性学者占绝大多数的研究领域,她不必与男性竞争,旁人也不会质疑她"喜欢孩子"的"母性"。

女性这种"我跟她们不一样"的意识与外表至上主义挂钩

也是顺理成章。女性从小暴露在男性评价的视线中,但男人评价的并非女性的智慧,而是更简单易懂的外表。我在美国的精英女性群体中见过好几位穿着格外性感的女士。每次见到那样的人,我都很疑惑她们如何看待自己的性别。我们也可以说,恰恰是她对自身社会地位和能力的自豪感反过来允许她走性感路线。这其实是一种炫耀,言外之意:作为一个女人,我有足够的商品价值,但我偏不卖,不卖我也能过得很好。我不知道你母亲的异性缘怎么样,也不知道她是否与丈夫以外的男人有过危险的艳遇,但在我看来,她那富有女性魅力的外表更像是在女性世界里展现优越感的工具,而不仅是用于吸引男性的元素。不过这种"我跟寻常的家庭主妇不一样""我跟普通的女性学者不一样"的意识其实建立在厌女症之上。因为这种态度拒绝与那些只能成为"家庭主妇"的女性和刻苦成为学者的女性共情,也拒绝理解她们走过的人生路。

在这类女性看来,除了出卖女性元素别无选择、最后也确实走了这条路的女性是令人唾弃的。对你的母亲来说,她做出的选择就是全身心地拒绝娘家的母亲和两位祖母做过的事。从这个角度看,你的母亲也受制于自己的成长经历。而作为孙辈,你一定是想用母亲最讨厌的选择来考验她的极限,而且还是以双方都会流血的最残忍的方式。

你为此付出的代价是放弃"成为受害者的权利",无法"在受伤时说自己受伤了"。你选择成为 AV 女演员,没有受到任何人、任何环境因素的强迫,所以"自我决定"的问题时刻纠缠着你。总是成对出现的"自我决定和自我负责"不允许你把选择的代价归咎于任何人。你所说的"内疚"指的也是伴随这种自我决定的内疚吧。

没有什么比"自我决定"更能满足精英女性的强烈自负,也没有什么比这四个字更能让精英女性远离女性主义。也许你是从母亲那里继承了这种强烈的精英意识。但十年的夜班经历让你学到了"女人和男人各有各的愚蠢",帮助你摆脱了洗脑,这说不定是好事一桩。AV导演二村仁说你作为AV女演员只能算"二流",这肯定也粉碎了你倒转的自尊。

但刚刚迈入性产业时,我猜你也许并没有想到代价会如此昂贵。我所说的"代价"不单单是过去的污名将长期困扰你。你是不是也在现场实际受到了伤害?

性产业建立在压倒性的性别不对称上。不难想象,女性在实地会饱尝怎样的性别歧视、侮辱、虐待、暴力和剥削……前面提到的二村导演就曾明确指出,色情制品是"(女性)侮辱的商品化"。而这种"侮辱"正是男性性幻想的体现。

"这没什么大不了的""我不在乎,怎么样都忍得了""我没那么脆弱,不至于因为这点小事受伤"……无数从事性工作的女性说过类似的话。甚至有少女把解离❶当成一种技巧,说只要"灵魂出窍"二十分钟就完事了。她们通过这样的方式贬

---

❶ 解离,在心理学上指人在记忆、自我意识或认知功能上的崩解,可让意识与身体或当下的体验分离。

低自己的经历。

男人们则巧妙利用了这一点。"别小题大做""这没什么大不了""又不会少一块肉"……看到这里,不难意识到这些正是性骚扰者和色狼的口头禅。再加上"自我决定",就变成了"明明是你自愿的""你不是就盼着我这么干吗""瞧你那很享受的样子"……贬低(对男性不利的)女性经历、为自己免责是男性的惯用套路。他们巴不得有女性将其内化。

你担心自己写的东西会被人利用,"进而伤害到其他女性,而不是我自己的尊严"。你还写道,"我可以忍受他人将利刃对准自己,却不愿意看到我的文字被改造成指向他人的锋利武器。如何避免这种情况,是我的另一大烦恼"。别绕路了。在担心别人之前,你应该先保护好自己的"尊严",你没有必要忍受"对准你的利刃"。对你我而言,"对准自己的利刃"都是痛苦而可怕的。当你的文字"被改造成指向他人的锋利武器"时,受到伤害的其实是你,而非他人。

我的年岁几乎是你的两倍。也许我接下来要说的话听起来有些高高在上,可我还是要说。正视自己的伤痛吧。痛了就喊痛。人的尊严就从这里开始。要对自己诚实,不要欺骗自己。一个人若是不能相信和尊重自己的经历和感觉,又怎么可能相信和尊重别人的经历和感觉呢?(所以我才在上一封信里写道:自称受害者不是软弱的表现,反而是强大的证明。)

话虽如此,我并没有要为自己开脱的意思。我之所以敢这么说，正是因为你说的每一点我都深有体会。我也走过了充满羞耻和失败的人生。我永远无法抬头挺胸地说，我对自己过往的人生无怨无悔。

今天的年轻女孩不再把男人针对她们的不当行为看作"无所谓""可以应付过去"的小事。她们开始说"我不喜欢这样""我忍不了"。而我和你一样，觉得她们无比耀眼。而且我也感到是自己的行动鼓舞了她们说出这些话。她们拥有了对不理想的性关系说"不"的力量，可新的问题随之而来：她们能否建立起理想的性关系呢？

性爱固然麻烦，却也精彩。下一次的主题就是性爱呢。期待你的来信。

2020 年 6 月 19 日

上野千鹤子

恋爱与性

> 您明明饱尝"将身心扔进阴沟"的性，为何能对男人不感到绝望？

上野千鹤子女士：

感谢您上个月的回信。您在信中结合做女儿的亲身经历，就母女关系进行了一番剖析。看到您将父母比作"麻烦"，我想起一件事。

离开报社后，我出版了一本随笔集，题为《卖身的话就完了》。与二村仁导演、社会学家开沼博一起参加新书发布会那天，您竟然也来到了会场。不知您还记不记得，那天临走时，您板着脸对我说了这么一句话——"不过话说回来，这样一个妈妈可真让人头疼啊。"

这句话给我留下了极其强烈的印象。我在随笔里提到了与母亲的零星对话，周围人看完之后的反应都是"你的母亲可真了不起"，"你妈妈说的话充满智慧，让人印象深刻"。我从不怀疑自己有一个了不起的母亲，也深知她的话语充满智慧，但降生在这种了不起和智慧之下，当然不是百分百的好事。"我也有我的挣扎，可我又该如何讲述这种难以理解的苦楚呢？"

就在踌躇不决的时候,您一句"真让人头疼"点破了我的纠结。这句话好似氧气,拯救了被种种评价压得喘不过气的我。

这次的主题是"恋爱与性",也是我不擅长的领域。经常有人请我写关于恋爱的专栏,写起来倒也没有什么纠结和障碍,但我不觉得它有多少写头。这恐怕是我对恋爱的态度使然。悲观地说,我对恋爱是疏离的。乐观地说,我是站在客观角度上看待恋爱。我没有结婚生子,也几乎没有体验过要花时间维系的恋爱关系,所以对我来说,恋爱在大多数情况下都与我无关。即便它就发生在我的眼前,正在朝我展开。

在我收到的第一封信中,您说您年轻时也经历过许多"把身体和灵魂扔进阴沟"的性事。在您把性工作和随意的性行为比喻为"扔进阴沟"的那一刻,我就在感官层面对这句话产生了深度共鸣。我恰好也不费吹灰之力地发现性本身就是将自己的尊严扔进阴沟的行为,而且在那之后,我在某种层面上充分利用了这一点。可即便活到了这个年纪,我还是不确定世上有没有可能存在"不把身体和灵魂扔进阴沟"的性。在上一封信里,我提到母亲临终前对我的第三个担忧是"我没有认真对待恋爱"。这兴许也是可怜我只知道"扔进阴沟"的性。

早在第一次与男性发生性关系之前,上高中的我就开始在涩谷的原味店卖内衣了。那家店的玩法是,男性顾客隔着单面镜挑选自己中意的女生,被选中的女生会被带到另一个装有单面镜的小房间,在"你看得到我、我却看不到你"的状态下,直接把内衣交给顾客。虽说隔着单面镜,但受光线角度的影响,我们其实可以大致看到另一侧的顾客。男人却认定没人看得到自己，开始放心大胆地自慰。只见他们把我刚褪下的内裤套在头上，把堆堆袜缠在脖子上，闻着胸衣抚慰自己。这一幕成了我对性属性的"男性"的初始印象。我第一次看到的男性性行为就是套着我的内裤手淫。也正是在那里，我第一次看到了男性勃起的模样。就这样，我在十六岁时把内衣和尊严"扔进了阴沟"。

单面镜这一边是随时能被替换的我，另一边则是付了一万五千日元来自慰的男人。这滑稽至极的一幕至今根植于我的两性观中。我们显然是年轻的、穿着制服、单薄无力的人，没有被赋予任何尊严，只能被消费，甚至不被认为拥有任何思想或感情。对方对我喜欢什么、平时读什么书没有任何兴趣，唯一有价值的是，我是一个长着乳房的高中女生，会笑嘻嘻地把内裤递过去。但他们的模样也同样惨不忍睹。他们认定自己有单面镜保护，即便受尽女生的鄙视，被打上"恶心"的标签，仍不惜花光辛苦得来的报酬，购买我们故意用粉底弄脏的内衣，用它的气味抚慰自己，射精后心满意足地离开。

上高中时，我那些只能扔进垃圾桶的旧内衣可以轻松换成钱，所以我鄙视不付钱就得不到这种东西的大叔，也醉心于自己能拿着这样得来的小钱上街购买心仪的东西。恐怕大叔也瞧不起冲着钱来的愚蠢女生，醉心于自己可以用赚来的钱安全地和我发生间接性行为。被一面单面镜隔开的男女活在各自的故事里，似乎永远都没有交集。也许从根本上讲，我对男女关系的理解还停留在当时的状态。

我以如此滑稽的方式目睹了带有性属性的大叔,他们的形象与我通过漫画和电影了解到的恋爱与性没有任何联系。我是在不同的语境分别学到恋爱与性:恋爱是虚构的概念,性则表现为在我眼前射精后走人的大叔。但事到如今,我已经不知道两者之所以在割裂的状态下各自发展,是不是因为我对性过于绝望,所以把对恋爱的幻想困在了虚构的世界里。我也算经历过一些漫画般的恋爱,但使用的毕竟是同一具身体,现在回想起来,我感觉自己好像对两者都没有抱太大的期望。

我就是以这样的方式目睹了大叔的性欲。对这样的我来说,AV的世界接受起来特别地容易和自然。在那个世界,我不必抛弃脑海中可悲滑稽的男性形象也能活下去。也许我应该谈一场"不把肉体和精神扔进阴沟"的恋爱,借此更新心中的男性形象,努力重新燃起期望。但我没有做这项艰苦的工作,而是选择继续对他们的可悲感到绝望。在原味店就着内衣自慰的人让我感觉"对这群人说什么都没用","我根本不可能跟这种生物相互理解"。男人反复用AV里千篇一律的"性感女人"和"男人梦寐以求的场景"来满足自己,这又进一步固化了我心中的这种印象。

这种鄙视男人、自以为在利用男人的态度并不新鲜,泡沫经济时代那些一心攀高枝的女性可能也有类似的心境。她们反过来利用男人对女人那单纯而无聊的理解与性欲,钻进了他们的保护伞,在不纠正他们对女性的理解的前提下,自说自话谱写了自己的成功故事。然而，由于缺乏结婚生子这种明确而连贯的目标，我至今都无法领会在夜世界之外与男人交往有多大意义。即便找了一个近似恋人的人，把他当作出门约会或偶尔发泄性欲的对象，我也无法将他的感情与性欲和那些醉心于原味店与AV、活在自己谱写的故事中的男人区分开来。

现在有许多年轻女性敢对男人说"你们错了"，说"我不想被这样对待"。我之所以羡慕她们，觉得她们分外耀眼，大概有一半是因为她们心中还抱有"相互理解"的希望。也可以说，我羡慕她们是因为她们仍在不懈努力，试图将自己的故事与男人的故事磨合到一起，没有放下这份希望，我却早已放弃。在内心的某个角落，我依然觉得"跟他们说什么都是徒劳"，也许就是心中的这份感觉让我离那些敢怒敢言的女性越来越远。男人在AV女演员和性工作者面前展现的面孔是自私、可悲而无聊的。我见惯了那自以为是、惺惺作态、将自说自话的幻想强加于人的嘴脸，这使我疏远了"不把肉体和精神扔进阴沟"的恋爱，疏远了女性主义，疏远了与其他女性的团结。

长大成人多年之后，我才认识到自己有这样的问题。直到男性凝视赋予我的商品价值有所下降，我才发现鄙视男人也得不到任何好处。

因此，我想真诚地请教您：

看到您在信里说您年轻时也经历过许多"将身心扔进阴沟"的性事，我便擅自推测您应该也经历过"不将身心扔进阴沟"的性。不仅如此，您还把女性主义带进了东京大学的学术界，要知道那曾是一个男人的世界，不难想象您付出了血淋淋的努力，带头为女性开辟了一条路，至今仍在第一线积极发声。您深知男性是"扔下身体和灵魂"的阴沟，也有足够的经历和智慧尽情鄙视他们，可您为何能认真面对他们，而不感到绝望呢？我高中时不过是看到他们自慰便觉得自己已经看透，而您肯定有更多、更深的机会对男人灰心绝望，您为什么没有就此放弃，认定"跟他们说什么都是徒劳"呢？

无论是作为个人的性对象的男性，还是作为社会成员的男性，我都不抱什么希望。您是如何发现不尊重自己和对方的性毫无意义，又是如何发现了相互尊重的性呢？是什么样的契机让您对以前不讲尊严的性感到后悔呢？您也指出了男人是多么无趣，被比作"阴沟"也是活该，却从未放弃与他们对话，这又是为什么呢？

我对男人的看法至今还局限于高中时在原味店形成的印象，始终对他们灰心绝望，这恐怕与我不愿承认受过伤害的心态密切相关。在上个月的信里，您问起我进入性产业后，是不是不仅被社会污名所害，还在现场受到了实际的伤害。

进入性产业的经历让我在各方面付出了远超预计的代价。当然，仅仅是永远无法摆脱的过往污名就已经超出我年轻时的想象。如今有年轻女性咨询我"该不该拍AV"，我都会这样回答：你们可以告别"AV女演员"这份工作，却永远无法告别"前AV女演员"的身份。因为十九岁时想要的人生和现在（比如二十五岁、三十岁、三十五岁）想要的人生是不一样的，所以你将承受的风险远比当时想象的还要大。

但正如您指出的那样,我付出的代价不仅限于挥之不去的"前AV女演员"身份。其实我当初决定隐退(我没有和整个行业断绝关系,毕竟还要写论文,只是没有继续拍片),是因为出道一段时间后,片酬开得越来越低,在片场受到的具体待遇也越来越差,而且感觉自己身处险境。当时还是凌辱类作品的全盛时期,说白了就是要折磨女性,让她们做明显违心的事情(受道德观念的影响,这类作品现在显著减少了)。已经过气的我要是想拿高片酬,就只能拍这种女性避之不及的类型。拍摄期间,有人点着了喷在我背上的杀虫剂,留下一大片烧伤的疤痕。我还曾被人用绳子吊在半空中,因烛火缺氧窒息。这样的生命危险看得见摸得着,让我开始抵触去片场。但我并不觉得自己受到了伤害,只是觉得"有危险",也许是因为我接连不断地把身体扔进阴沟,就连"这具身体属于我"的意识都变得模糊了。隐退后,我在烧伤的地方做了文身,好让疤痕不那么明显。

岂止是夜世界里的男人。日常生活中遇到的男人哪怕没有金钱上的牵扯,他们也会说,"你AV都拍过了,肯定在吃药,就让我不戴套直接上吧"或"照着这部片子里的样子伺候我"……我听烦了,完全失去了享受性爱的念头。有过几次性关系的男性当着我的面一本正经地对他的朋友说:"哪个男人愿意和一个演过AV的女人交往啊。"这种事也是家常便饭。那些接近我的人,嘴里说的不管是"我不在乎你的过去",还是"我被你的个性和智慧吸引，而不仅仅是你的身体"，我都无法认真面对，因为我觉得那些话很假。当男人表现出爱恋与性欲时，我就会下意识地回到原味店的印象，顿时扫兴。而当性行为以我不情愿的形式发生时，我可能会感到"麻烦""想早点回家""厚颜无耻"或"恶心"，自己的身体却仿佛事不关己，比起尊严受到伤害的感觉，"男人果然一无是处"的心态还更重些。我不需要采取反对婚姻制度的立场，就走上了不想与男人这种生物共享人生的道路。看到那些男人在家庭之外发泄性欲的嘴脸时，我也感受到徒有形式的婚姻是多么没有意义。而母亲担心我越来越孤独，因为我无意寻觅伴侣，不想了解男性的真正魅力，"不把恋爱放在眼里"。

前些天，我读了一本题为《永别了，我们》的书，作者是清田隆之，主题是身为男性的作者结合自己的反思谈论"男性"这种性别和女性主义。在广大女性的耐心劝说下，也许有越来越多的异性恋男性意识到了自己造成的伤害，并愿意笨拙地面对这个问题，哪怕他会在这个过程中受到伤害。许多女性似乎很欢迎这种态度，但我仍然半信半疑，总忍不住想太多，无法面对男人，有种被时代抛弃的感觉。

长久以来，我认定男人愚蠢得无可救药，别过脸去不愿多瞧。我能否正视他们，追求相互尊重的性和爱？答案依然悬而未决。说到底，我们是否有必要通过性与男性建立精神层面的联系呢？我也感到有必要走出"终将毫无结果"的犬儒主义，却又觉得摆脱对男性的绝望格外艰难。

不好意思，在恋爱和性这两方面都走投无路的我在这封信里提出了一连串的问题。我感到下次通信的主题"婚姻"也是一个牵扯到性爱的棘手问题。期待与您的下一次交流。

2020 年 7 月 10 日
铃木凉美

> 恋爱是自我的斗争。
> 我要成为"女人",
> 就需要"男人"作为恋爱游戏的对手。

铃木凉美女士：

哦，原来你十多岁时是个"原味少女"啊。

我在第一封信中写道，"我期望这代曾经的原味少女、援交少女能产生出新的表达方式，却至今没能如愿以偿"。没想到当事人竟然近在眼前，不禁激动万分。也许此时此刻，我正在见证"新的表达方式"与"新感觉"的诞生。

不仅如此，你在《"AV 女演员"的社会学》中提到的逼迫女演员不断尝试过激玩法的成瘾机制，原来不单单是你作为旁观者看到的，还是你亲身经历过的。读到你在拍摄时留下了大片烧伤，还经历了充满生命危险的缺氧，我觉得胸口堵得慌。你是成功挣脱了，但正如媒体报道的那样，有些女性迟迟无法抽身，历尽苦楚，身心都留下了后遗症。想必你也不仅受到了身体层面的伤害，还感受到了精神层面的巨大屈辱与愤怒。尽管你对此轻描淡写，但你以前从未提过，不是吗？更令我感慨万千的是，你一直把这些经历藏在心里，认定自己无权称伤痛为伤痛。这种自虐与自尊正是女性的阿喀琉斯之踵，是这一行的男性多年来一直在利用的东西。这是自己选的路，没法跟任何人抱怨；做选择的时候就已经做好承担风险的准备，所以没有资格抱怨……但这并不意味着你同意他人对你为所欲为。不仅仅是你，恐怕还有许多女性对她们在现场遭受的（身体和精神上的）创伤保持沉默。

"性爱"虽然是一个词，但"性"与"爱"并不相同。将不同的东西区别对待，总比不区别对待要好。长久以来，性和爱一直紧紧捆绑在一起，是"性革命"的一代切身实践了"区分性与爱"这句话。

不要误以为年纪越大的人对性就越保守。我们这一代人见证了60到70年代席卷全球的性革命。近年来，实验性性爱似乎成了备受关注的焦点，但一夫多妻制和开放式婚姻早就被我们这代人实践过了。当时还有所谓的"天使夫妇"，指双方之间鲜有性行为、只与伴侣以外的人发生性关系的特权伴侣。尽管在我看来，这无异于排他性的异性恋夫妇的翻转版。放在今天就只是无性夫妇在婚外寻觅性伴侣的老套戏码。看到漫画和博客中描绘的"性实验"时，我们很难不觉得老调重弹。看着那些从来没有也不愿意公开谈论性的年轻人，我甚至觉得年轻一代更加性保守。

毕竟有萨特和波伏瓦珠玉在前。在比我们稍年长的那代人看来，"萨特和波伏瓦那样的关系"就是知识分子男女的理想。

不领证的事实婚姻，双方都对其他异性持开放态度，并在此基础上承认对方是自己终身的特权伴侣。即使性变得自由，爱失去了专属性，广大男女（尤其是女性）的心似乎仍被"命运的纽带"牢牢牵绊在一起。话虽如此，萨特与众多女性的关系仍令波伏瓦受尽嫉妒的折磨。

性革命想要颠覆的是近代的性规范，特别是针对女性的双重性标准。那是"初夜"一词仍然存在的时代，可想而知当时的"性实验"与今天相比是多么具有"革命性"。"女人忘不了她的第一个男人"……可笑至极。"女人不可能同时爱上两个男人"……爱几个都行。"女人不能在没有爱的情况下做爱"……一试才发现容易得很。

我们见证了福柯所谓支撑现代性观念的装置——浪漫爱意识形态（爱、性和生殖在婚姻之下的三位一体）瓦解的过程。性革命促进了它的瓦解。但这种装置建立在双重标准之上，针对男性和女性的规则并不相同。

男性以违反规则为前提，而女性被迫服从规则。在某次讲座中，一名老年女性听众发言道："我没碰过丈夫以外的男人。我这辈子都守着他一个。"我立刻反问："你是自愿的，还是被迫的？"她不假思索地回答："被迫的。"要知道在那个年代，年长的女性谈论这种事情本就很不寻常。

在性的双重标准下，女人实践性革命的成本比男人更高。在学生运动中，有些男人在街垒的另一头尽其所能地利用在性方面比较活跃的女学生，却在暗地里对她们使用"公厕"这样的蔑称。到了90年代，我才得知"公厕"是当年"皇军"士兵用来指代"慰安妇"的隐语。那一刻的震惊怕是毕生难忘。我们当那些男人是"同志"，他们却以"皇军用语"称呼我们……只不过事到如今，也无法考证那是传承自"皇军"、还是人人都能想到的名称。

性的近代范式是"性＝人格"。女人的"人格"会因为"出格"的性遭到玷污，男人的人格却不受性的影响。在"性＝人格"的范式下，遭受性暴力的女性是"肮脏的"，出卖性的女人被视为"堕落的"。以前甚至有"沦落女""丑业妇"这样的说法。而与"丑业妇"接触的男人似乎一点都不丑陋。人们普遍认为，男人无论怎么接触"堕落的女人"，都不会染上"堕落"。有一段家喻户晓的逸闻，说在明治时期，伊藤博文频频与"肮脏"的妓女发生不正当关系，结果有人在帝国议会上如此回应："伊藤公的人格并没有被玷污。"不仅认为自己未被玷污，还将自身行为产生的罪恶感转嫁给对方，所以这种范式对男人而言无异于机会主义。针对性工作者的污名就来源于此。我们似乎尚未突破半个世纪前就试图摧毁的近代性观念。

近代性观念（只针对女性）规定"性和爱必须保持一致"。现在回想起来，浪漫爱意识形态是一种相当了得的伎俩，硬是把两种本不可能一致的东西凑在了一起。半个世纪过去了，我们终于得出结论，回归原点：性和爱是两回事，应该区别对待。认识是扭过来了，那这种变化又带来了怎样的影响呢？

性和爱是两回事,所以必须分别学习。我渐渐注意到,社会上出现了一批先学性、后学爱的年轻女性。而且她们学习的,是为男性服务的单向的性。对她们来说,性的门槛已经大幅降低,性的质量却迟迟没有提高。

"别扭女子"雨宫麻美说,她十八岁那年为了参加考试住进一家商务酒店,第一次通过酒店的录像系统看了AV。那就是她学习"何为性"的初体验。她在书中写道,这种无法摆脱的烙印促使她成为AV撰稿人。许多AV演员警告年轻观众:"不要误以为真正的性就是片子里的样子。"但对从未有过其他性经验的青少年来说,AV中的性行为就是至关重要的初体验,极大程度上塑造了他们对性的印象,影响非常深远。据说随着AV的普及,大批普通人开始学着演员的样子颜射,足见媒体的影响不可小觑。

事实上,媒体就是学习性爱的装置。我们正是因为事先通过媒体学习过性和爱是什么,才能为实际的体验命名。信息环境操纵大众,并非新媒体出现后才有的新鲜事。神话、故事乃至少女漫画都是学习装置,都能教会人们什么是恋,什么是爱。事后体验到相应的情感时,你就会意识到:"哦,这就是(通过那个故事学到的)恋爱啊。"这叫"经验定义"。没有事前了解的概念,就不能为经验命名。

当女性的性与爱仍联系在一起,性就是女人为了证明自己的爱而献给男人的东西,不然就是要尽可能高价转让的财产。1974年,山口百惠就在《一个夏天的经历》中唱出了"我要送你女孩最宝贵的东西"。没人关心女性的性欲,人们认为女人在这方面就应该是被动的。我尊敬的作家森崎和江写道,她年轻时在九州跟一名帝国大学的学生谈恋爱,对方吐露过这样的心声:"女人有没有性欲啊……"在那个年代,这可不是笑话。即便是现在,有性经验的少女之间仍会出现这样的对话:"为什么做了呀?""因为男朋友想要啊。""舒服吗?""不怎么样。"看来这种范式仍然没有消失。换句话说,在这个女孩看来,性是一种自我牺牲,因为她所爱的男人想要,所以她把性献给了他。

到了后现代,人们逐渐意识到女人也有性欲,而且不仅是男人,女人也能感受到性带来的愉悦,这是一个巨大的变化。而且女性可以自由说出自己的快感了(我要赶紧补充一下,其实在近代之前的日本,人们普遍认为女性有性欲、有快感是理所当然的)。可即使是现在,"喜欢性"的女性仍会被扣上"淫荡""婊子"的帽子,"对公开谈论性的女人提不起兴致"的男性也大有人在,可见陈旧的性观点似乎并没有消失。

愉悦也是要学的。男人的愉悦很简单,女人的愉悦学起来却费时费力。许多老一辈的日本女性一辈子都没有尝过性快感。70年代,保健师大工原秀子进行了一项面向老年女性的问卷调查,其中有一个问题是"性对你来说是什么",不少老妇人如此回答:"性对我来说无异于苦差,只盼着早点结束。"[1]

性高潮被称为 ecstasy。拉丁语是 *ecstasis*,意为突破稳定状态,可以翻译成"忘我""入迷"或"陶醉"。性有顶点是上天的恩赐。因为这意味着它有终点。有人把性高潮比作"小死亡"。我遇到过一名能勃起但不能射精的男性。他的问题被称为射精障碍。"无法结束"的性肯定非常痛苦。有人解释说，这是因为他们无法接纳小死亡。没有"可以把自己交给对方"的绝对安全感，就不可能在别人体内迎来小死亡。只有确信自己一定能复活，人才能容许自己小死亡一场。

性是死亡和重生的仪式，它把我们带回到"生"，而非"死"。

吊唁之日，情欲最盛

——千鹤子

这是我当"俳人"时写的一首俳句。

情色否认死亡。前线士兵找女人交欢，恐怕也是为了抵消对死亡的恐惧。

我想再引用一段自己的文字，其中难得地提到了情色经历。我与伊藤比吕美合写过一本很少有人看过的书，题为《巫女与审神者》。在诗人比吕美的触发下，我一反常态，不由得发挥了这样一段。

> 性交时，我的身体呼喊着"我想活，我想活"，呼喊着"我想高潮，我想高潮"。❶
>
> 我听到了身体的呐喊。让身体去往高潮。
>
> 而我也，攀上顶点。

---

❶ 在日语中，"想活"（生きたい）与"想要高潮"（いきたい）发音相同。

决不能认为女性的愉悦是被动的。人只有主动感受才能品尝到愉悦。女方若没有主动去"感受"和"沉浸",只是重复同样的程序绝对无法体验到愉悦。

你说你在三十岁之前和很多男人发生过性关系,却没有"恋爱"过。对我们这代人来说,"恋爱"是一个特殊的词语。团块世代❶也许是被浪漫爱意识形态洗脑最严重的一代人。而洗脑装置就是少女漫画与电视剧。年轻时狂热追捧《凡尔赛玫瑰》,上了年纪之后又为《冬日恋歌》心潮澎湃的正是团块世代的女性。她们大概也是渴望真命天子、相信红线传说的最后一代人。

1968年,思想家吉本隆明的《共同幻想论》出版上市。书中的论述由"共同幻想、对幻想、个人幻想"❷三部分组成,却很少有男性评论家关注"对幻想"。但常读吉本论著的女性(包括我自己)都被"对幻想"这个概念深深震撼了。因为他在人们普遍认为"恋爱不是用来讨论,而是自然而然坠入的"年代向读者表明,恋爱是一个"值得讨论"的思想课题。哪怕是在性与爱分离之后,对特权伴侣的幻想也没有消失。还记得当时广泛流行这样的说法:"听说他和某某在搞对幻想呢。"现在听来只觉得好笑。尽管异性恋已被相对化,但我仍然觉得,即使

---

❶ 日本战后出生的第一代。"团块"意味着这个世代的人默默奋斗,紧密地聚在一起,是促使战后经济高速发展的重要力量。
❷ 吉本隆明自创的思想体系,用"个人幻想→对幻想→共同幻想"来解释"个人→家庭→国家"的形成。

是在LGBTQ（性少数）人群中，对"伴侣"的信仰也没有消失。

"恋爱"是日本近代才出现的译词。近代之前有"恋慕""好色"之类的说法，却没有"恋爱"这样的表达。到了近代，男女被迫成为赤裸裸的个体，作为"新的男人"和"新的女人"一起被召唤进入恋爱这个"自我的斗争"的游戏场，成为玩家。据近代文学史，"新的男人"比"新的女人"更早诞生。当"新的男人"问，有没有"新的女人"能与他们对等地开展恋爱游戏时，《青鞜》❶的女人举起手说"我们在这里"。

对《青鞜》的女人而言，"自由恋爱"仿佛是拥有神奇魔力的咒语。女人在别处都无法与男人享受同等待遇，唯独在自由恋爱的游戏世界里，她们能与男人平起平坐，在某些情况下甚至可以扭转局势，牵着男人的鼻子走，统治或操纵男人。

抢走中原中也情人的小林秀雄❷在《致X的信》中写道：

"女人要求我做一个男人（而不是一个人）。这个要求让我猛然一惊。"

女人不能也不被允许成为女人以外的任何东西。对女人来说，将男人与"人"剥离，让他变成赤条条的"男人"，就是在对等条件下玩恋爱游戏的前提。

恋爱是自我的斗争。我要成为"女人"，就需要"男人"

---

❶ 日本首部女性文艺杂志，"青鞜"译自 blue stockings，特指 18 世纪英国贵族女性举办的文化沙龙。

❷ 中原中也是诗人，代表作有《山羊之歌》。小林秀雄是著名评论家，被视为日本文艺评论界的灵魂人物，与中原是好友。此处的"中原中也情人"指演员长谷川泰子，长谷川于 1924 年 4 月与中原同居，第二年 11 月与小林相恋。

作为恋爱游戏的对手。而且我深刻认识到，我对女性身份的认同依赖于男人的存在。我也正是因此才意识到自己是一个"异性恋的女人"。当我意识到自己的性别认同是异性恋时，我便不由自主地想去寻求男人，也确实那样做了。

然而，在恋爱这种游戏中，女人的赌注和男人的赌注从来都不对等。当女人拿自我下注时，男人只押上了一小部分。这就是为什么《死之棘》❶中的妻子坚持要丈夫把一切都押上。也正是出于这个原因，吉本隆明在《共同幻想论》中深入探讨了岛尾敏雄的《死之棘》。

小林秀雄还说过"女人是我成长的地方"。

我至今相信，恋爱是谈了比不谈好。因为在恋爱的游戏场上，人能够深入学习自己和他人。恋爱会帮助我们了解自己的欲望、嫉妒、控制欲、利己心、宽容和超脱。恋爱是斗争的平台，你要夺取对方的自我，并放弃自己的自我。我从不认为恋爱是一种放纵的体验。在恋爱的过程中,我们受到伤害,也互相伤害，借此艰难地摸清无论如何都不能让渡给他人的自我防线，以及对方那条无法逾越的自我界线。我向来认为恋爱不会蒙蔽一个人的双眼，恰恰相反，恋爱是一种"面对对方时极度清醒，以至于在旁人看来无比疯狂"的状态。跟一个爱上窝囊废的女人

---

❶《死之棘》是小说家岛尾敏雄的代表作之一，出版于 1960 年，1990 年被改编同名电影。故事讲述了一对夫妻的纠葛：丈夫是特攻队队长，妻子许诺若他战死，自己也跟着去死。不久，他接到上战场的命令，但在动身前战争便结束了。战后，妻子因丈夫出轨而精神失常，丈夫在她身上仿佛看到在特攻队时的死亡危机，于是决心抛弃一切照顾她。

列举男方的多少缺点都是徒劳,因为她早就一清二楚。正因为对情人的弱点了如指掌,才能比其他人更残酷地伤害对方。

为人父母之后也会有类似的体验,但亲子关系存在压倒性的不对称,而且由于"母性"被过度神化,成为父母的男女很难意识到自己的自我主义。我之所以没有成为母亲,多少也因为我害怕自己在无路可逃的不对称的权力关系中站在强势的一方。而恋爱是在对等的个人之间展开的游戏,所以我们可以对恋人大胆放言:"不愿意就走吧,你有离开的自由。"

当然,也有建立在支配和控制之上的关系,比如存在暴力的家庭关系,一方用暴力使对方就范,使其无法"离开"。或是选一个本就比较容易控制的弱势者,让对方依赖自己。但"自我的斗争"之所以是与对等的对手开展的游戏,是因为只有对手旗鼓相当,游戏才有趣。

肆意践踏他人的自我是一种野蛮的行为。但我们正是在还不知道自己是谁的时候,将磨破发红的自我暴露在他人眼前,并要求他人也这样做,最终在这个过程中构筑起"自我"。只有在恋爱的游戏场上,我们才被允许这样做——我将踏入你的自我,也让你成为我人生的一部分,因为我"爱"你。

再补充一下,恋爱绝不是死死捍卫自我界限的游戏,而是通过狠狠品味与自己不同的他人的反应,同时了解自己和他人的过程。在此过程中,我们也能确认"他人与自己存在绝对的隔绝","我们永远无法拥有或控制他人"。恋爱非但没有使人与人相融,反而引领我们走向孤独。而这种孤独是多么畅快。

我曾写过这样一句话:"所谓成熟,就是提高他人在你心中的吃水线。"正是通过这种"殊死搏斗",我才能对他人更加宽容。

就算不进行这种野蛮的行为,人也能活下去,也可以做爱,也可以组建家庭。我曾怀疑许多结婚生子的女性是否真的是异性恋。(除去经济上的依赖)她们在心理上对丈夫几乎毫无依赖,而且似乎没有意识到自己具有性属性。她们应对方的要求发生性关系,按照习俗和规范结婚生子、成为母亲,但我不知道她们是否曾为了成为女人而迫切地需要男人。我甚至觉得,男人需要女人来成为男人,可许多女人似乎并不像他们那样需要男人。

话说回来。

有一阵子,我读了很多"卡萨诺瓦综合征"❶和"慕男狂"的回忆录。这些男女是性革命的亲历者。在生命的最后时刻被问及"这辈子最美好的性体验是什么"时,他们都给出了一个平凡的回答——与爱人心意相通,水乳交融。没想到性经验极度丰富的男女在人生末尾回忆起的"最美好的性体验"竟是性爱合一的极致。但我不认为这是陈腐的表现。性是性,爱是爱,它们本不相同,偶尔会重合,有时则不会。一个人如果经历过性和爱偶然重合带来的至上幸福,那应该是非常幸运。而且一个人能分辨出高质量的性,也正说明他经历过许多质量不那么高的性,不是吗?

---

❶ 也称"浪子综合征",表现为男性不断寻求来自性伴侣或情感伴侣的注意和爱。

性的光谱涵盖了暴力到交欢的种种层次，爱的光谱也涵盖了控制到自我牺牲的种种层次。无论是性还是爱，都完全不需要理想化。但你若想在有限的人生中将时间和精力等有限资源用到极致，体验高质量的性和高质量的恋爱肯定比不体验要好。因为在人际关系层面，两者都是麻烦又棘手的东西。最终有多少回报，完全取决于你投资了多少。

"不过是性罢了"，"就这种程度的恋爱而已"……如果你抱有这种想法，那回报也就只有这么一丁点。人只能得到自己所要的。

在对男人抱有巨大期望并投入大量心血之后，我在 90 年代与森崎女士开展了一次题为"未竟之梦"[2]的对谈。"未竟之梦"四个字里包含了渴望"对幻想"却最终没能如愿的感慨。那时我已经从命运纽带的"幻想"中觉醒。而梦醒之后，性的身体、单身者的性身体依然存在。我认为在后现代的性多元中，从"成对"之梦中苏醒的"单身者的性身体"问题仍然没有得到解答。单身并不意味着没有性属性，而性属性也不以"成对"为条件。对于这个问题，所谓性少数群体的态度要比异性恋者认真得多。

不过随着我年龄的增长，这个问题不再那么迫切，也不知这是幸运还是不幸。吉本隆明留下了一个哀伤的概念"生理迫使的成熟"。即使一个人实际上没有成熟，年龄和衰老也会强迫他对很多事死心，即变得达观。性欲与生命力相关。实际上，在我的体力多到可以"扔进阴沟"的时候，"扔进阴沟"的行为就已经越来越难实现了。因为一旦认识到时间和精力有限，就必须优先做自己想要做或应该做的事情。于是在我的人生中，一度无比紧迫的性被逐渐调低了优先级。

我曾随口对女性解放运动旗手田中美津提起：

"性欲降低以后，人生就变得平和了。"

据说她听完之后喜滋滋地告诉别人：

"上野女士跟我说，'没了性欲，人生就变得平和了。'"

这话绕了几圈又传进我的耳朵。后来我有幸再次见到她，便要求她稍加纠正：

"美津女士，我的原话是性欲'降低'，可没说'没了'啊（笑）。"

老年阶段的性和爱又是怎样的呢？对我来说，这是一个未知的世界。对你来说，大概是连想象都很困难的未来吧。

能使你充盈、教你认识自己的，是"爱"而非"被爱"，是"欲想"而非"被欲想"。没有性和爱，人也活得下去，但"有"比"没有"确实更能丰富人生的经历。

（请容我画蛇添足一下：我并不否认"为人父母"也是这样一种经历，尽管我没有选择这条路。）

2020 年 7 月 24 日

上野千鹤子

[1] 大工原秀子，《老年期的性》，密涅瓦书房，1979 年。
[2] 森崎和江、上野千鹤子，《对谈：未竟之梦》，《新女性主义评论 Vol.1：恋爱技术》，学阳书房，1990 年。

婚姻

> 对基于恋爱的关系没有信心的我，
> 也许就需要一份哪怕感情干涸也可以维系的婚姻契约。

上野千鹤子女士：

您在上个月的来信中大致讲述了性与爱的历史变迁和您那代人的运动经验，让我受益良多。我的知识储备中并没有"天使夫妇"这个词，但正如您指出的那样，我感觉在无性婚姻率领跑全球的日本家庭，在伴侣之外寻求性很是常见。如果仅限于男方的话，那就更普遍了。根据我的个人经验，好像许多相伴多年的同性恋情侣也会选择这种"不与伴侣发生性关系，而在外面大肆寻欢"的形式。

我并不认为一夫一妻制才是最优解，但受媒体传播的西方文化的影响，近来男性的婚外恋受到愈发严厉的谴责。比起只要求女性一心一意、保持纯洁，这样也许更公平、更健康一些，但我也不禁疑惑，事到如今，为什么名人出轨的新闻会如此受人关注，为什么社会要大力倡导统一的婚姻观。

这次的主题就是"婚姻"。这两个字比上一次的"恋爱与性"更加远离我的现实生活，但我感觉自己正因为没有结婚，才有相当多的机会思考婚姻，或是提出对婚姻的想法。近年来，围绕夫妇别姓❶和同性婚姻的讨论渐渐被摆上台面（尽管比西方晚了一些），婚姻观念和形式的更新时常成为热点话题。

您在上一封信中写道，您那代人见证了浪漫爱意识形态的瓦解。在这种瓦解中，不结婚的选择确实不再显得特立独行。我们这代人明明活在相对宽松的大环境下，我却痛感一个人如果没有特别强烈地抗拒婚姻，那么结婚就是最正常的选择，不结婚反倒需要有一定的个人追求与理由。哪怕性革命已深化至此，女性也逐步取得经济独立，婚姻这一意识形态仍是如此根深蒂固，我个人对此颇感疑惑，甚至觉得不可思议。我感觉90年代社会上常有抨击家庭主妇的言论，也有越来越多人认为基于婚姻的经济纽带已经陈旧落伍，但婚姻拥有的绝对向心力没有被严重削弱。我认为，这是因为婚姻之外的互助选项实在太少了。

我这个年纪的女性步入婚姻应该主要是为了解决经济和育儿问题，但尽管可以在婚姻框架之外解决这些问题，还是有多到出乎意料的人认为"结婚"二字象征的东西更有吸引力。当然，我没有任何理由反对同性婚姻或夫妇别姓，但看到这些试图扩大婚姻外延的讨论，我不禁琢磨：大家就这么想得到"已婚者"这个头衔吗？萨特－波伏瓦式的事实婚姻在法国等国已经得到

---

❶ 日本法律规定夫妻必须同姓，尽管有少数男方改为女方的姓氏，但绝大多数都是女方被冠以夫姓，这给女性的日常生活与工作带来诸多不便。因此，民众呼吁引入"（选择性）夫妇别姓"。

制度方面的保障，但在日本，至少像构建婚姻的下位制度❶等实际问题仍少有人关心，讨论总体倾向于对婚姻这一传统制度的灵活运用。说实话，我觉得这有些奇怪。在现阶段，不结婚确实会在社会层面上产生种种不便，特别是在育儿方面，不结婚就是决定性的不利条件。可让我纳闷的是，为什么不把重点放在解决这些不便上，而是想方设法让许多没结婚的人能够结婚呢？

我感觉您对结婚的态度一直都比较坚定，您在每个时代的发言都明确表示了"无意结婚"的立场。不过看过您最近的采访记录后，我将您不结婚的主要理由理解为"结婚意味着放弃自由"。但仔细观察日本夫妻的现状，很多只是徒有其表的契约关系，放弃了性的专属性。您没有选择姑且为了方便而结婚，以消除种种不便，再在婚后保持自由，而是坚持不走进婚姻制度，不知您是不是还有什么其他的理由。

您指出年轻人比经历过七八十年代的那代人更加性保守。我完全同意您的看法，尤其是精英群体。而且我有时觉得，在性保守、性冷淡、性消极的大势之下，甚至出现了回归传统婚姻的思潮。特别是比我更年轻的那代人，我时常听她们说，比起积累恋爱与性的经验、在情场横冲直撞，她们更渴望婚姻，想要一个可以安定下来的地方。她们是不是觉得，在性方面活跃奔放、摸索自由的恋爱形式本身就很老套呢？从这个角度看，

---

❶ 指在异性恋登记婚姻之外，为事实婚姻、同性恋伴侣等提供法律保障的补充性制度。

也许我这代人是年轻时暗中较量性奔放程度的最后一代。

就个人而言，有几个契机让我的婚姻观产生了些许改变。学生时代我对婚姻没有兴趣，几乎从没想象过自己步入婚姻的模样。我对看似恋爱的玩意（且不论那是不是真正的恋爱）和性都非常开放。但在我的认知里，婚姻就等于在经济上依赖男性，仅此而已，所以我不像许多同学那样认定婚姻是必需品。不过我平时也会说"好想结婚呀""要嫁就得嫁这种人"之类的话，但那只是一种修辞或玩笑话。而且尽管我父母的婚姻有种种问题，但直到阴阳两隔，他们都没有解除夫妻关系，所以我一直模模糊糊地觉得自己可能会在某个时机结婚。然而和许多女性一样，我不知道除了想要孩子，还有什么时机可寻。

拍 AV 让我在很长一段时间里把婚姻当成与自己完全无关的事情。或者说直到现在，我在心理上依然与婚姻有一定的距离，也许是因为我至今没能走出那时的距离感吧。虽然有许多特例，但我感觉今天的男性已经逐渐习惯与女性并肩工作，或是在她们的指导下工作，而他们似乎将女性简单分成了三类：尊敬对象（老师和同事）、保护对象（妻子和女儿）和性对象（娼妇和情妇）。这是我一直以来的印象。

其实女性可以轻而易举地跨越这些界限，三种属性也完全有可能出现在同一个人身上。甚至像我这样用同一具身体扮演过"娼妇"与"男权社会的公司雇员"的女性在今天也并不罕见，但男人往往很抵触女人跨界。他们会跟周刊爆料，说《日经新闻》

记者当过AV女演员。他们喜欢陪酒女郎和风俗女郎，却极端厌恶自己的女儿从事那种职业。他们嘴上说不介意下属是雷厉风行的女员工，但很反感自己的妻子变成那样。我总觉得他们毫无恶意地给女人归了类，喜欢让女人待在自己所属的类别中。只要女人不越界，他们就会予以尊重。

我向来认为AV女演员基本上很难建立家庭，毕竟拍片会留下她们曾是性对象的证据，而且街坊邻居都会知道，所以我一直认为投身色情行业就等于告别未来结婚的可能性。许多前AV女演员选择结婚成家，但婚姻会将双方亲属牵扯进来，必然面临一定的冲突和妥协，所以实话实说，我们至少在婚姻市场上的竞争力是非常低的。我也觉得，卖娼、拍片就是趁着单身和年轻，预支通过婚姻获得的男人的经济庇护。

因此我一直对婚姻抱有模糊的距离感。后来，母亲病倒，我和父亲照顾了大约两年。在此期间，我有幸见证了人向往专属伴侣承诺的原始理由。患病期间，病人当然是最痛苦的，而病人的家属同样疲惫不堪。即使如此，在生命的最后时刻，母亲也不愿见到或依赖我和父亲以外的任何人，所以尽管心里很是烦躁，我也不得不像履行义务那样留在她身边。与病魔的斗争让她失去了性魅力，药物也令她神志模糊，几乎丧失了理智和语言能力。现在回想起来，我多少有些明白了，人们想要的不仅仅是形式上的契约，也不仅仅是爱情，而是两者的结合。

我并没有因此突然想要结婚成家，但我比以前更理解人们为什么更倾向于扩大婚姻，在婚姻中创造自由，而不是压缩婚姻，扩大婚姻之外的自由。然而，如果同性婚姻和夫妇别姓成为可能，让许多曾被排除在婚姻之外的人也可以参与进去，而婚姻之外的空间又没有得到扩大的话，那还是有些不对劲。

与朋友私下讨论婚姻时，我发现身边女性的想法似乎能分为两个层次。第一层是"要不要利用婚姻制度"，第二层是"结不结婚先撇开不谈，关键是想不想建立特权伴侣关系"。换句话说，聊天过程中常常出现"有伴侣者的不婚"和"无伴侣者的未婚"的微妙差异。我目前还没有结婚，也没有特权伴侣关系。

至少在我周围，那些对婚姻制度说"不"的人往往与伴侣建立了比寻常夫妇稳固得多的联系。我也觉得正是因为有这种精神联系，他们才有底气置身于制度之外。在精英人群的未婚者中，这种倾向尤其明显，他们像波伏瓦那样认为这段关系应该会持续终生、牢不可破，于是没有选择婚姻这一形式。我有时也会想，如果是这样的话，对基于恋爱的牢固关系没有信心的我，也许就需要婚姻这样的关系。哪怕它略有干涸，至少可以维系下去。

您在上个月的信中提到，恋爱是同时了解自己和他人的过程，最终能将我们引向畅快的"孤独"。那番话令我印象深刻。我边读边想，也许对许多人来说，那份孤独过于沉重，沉重到无法用"畅快"来形容，所以他们想要借助某种契约来分散注意力。如果真是这样，那么我之所以从未有过迫切的结婚意愿，搞不好就是因为我从未站上真刀真枪的战场，以至于没能达到孤独的境界。也可能是，我拍片这件事给母亲和其他家庭成员带来了巨大痛苦，引来种种批评，基于这段经历，我在心中划掉了"建立新的家庭"这件事，暗中借此规避遭人拒绝的可能。我有时也意识到，自己之所以不认真面对恋爱，是因为担心只能成为性对象，而无法成为恋爱的对象。

婚姻也好，生育也罢，我都没有明确选择拒绝，而是一拖再拖，总也走不出那种别扭的感觉，以至于这封信也写得拖泥带水。就我个人而言，如果能在增加婚姻灵活性的同时扩大婚姻之外的世界，心态也许就能轻松几分。但直到今天，每当我表示自己单身时，仍然有许多人误以为是某种坚定的思想促使我选择单身。

2020 年 8 月 12 日

铃木凉美

> 我无法忍受将性和爱置于权利和义务的关系之下，与拥有和被拥有的关系挂钩。

铃木凉美女士：

上次的主题是"恋爱与性"。你的性经验应该比寻常女性丰富得多。对你而言，性究竟是什么？性是否愉悦？你是否有性欲？你所定义的"舒服的性"和"不舒服的性"是什么样的？即便不舒服也要继续的理由是什么？你从性中得到了什么？……我本想听你聊聊这些话题，你都完美避开了。可能是因为这次的主题是"婚姻"，所以被稍稍带偏了。

我的本职工作是学者，所以我常说"我卖想法，但不卖感觉"。然而在上一封信里，我不惜破戒写下了自己的"感觉"，甚至一反常态写下了"身体的感觉"，这其实都是为了引出你的回答……

希望有朝一日能听到你坦诚的回复。

这次的主题是"婚姻"啊。我对婚姻几乎没有任何兴趣，反而好奇男男女女缔结婚姻这一神奇契约的（费解）心态，以及这种契约关系丝毫不见衰落、持续至今的事实。

上封来信之后，我收到了你的新书《非·绝种男女图鉴》。多谢。你刚出道时的写作风格表现出拥有"一切"的年轻女性无所畏惧、全速奔跑的模样（我猜你应该是刻意选择了这种风格）。正如你那本《拥有一切不等于幸福》带有挑衅色彩的书名所象征的那样，你出生在富裕的家庭，受过高等教育，进过名企，还幸运地将硕士论文出版成书。不仅如此，你还有足以当AV女演员的肉体与性魅力……但在短短的十多年里，我感到你的写作风格发生了变化，更像是"情色资本减少"导致市场价值下跌的奔四女人的自嘲。你在书中提到，日本男人在社会上总是靠资历说话，在评估女人的价值时却是"反论资排辈"，看得我捧腹大笑。这个词用得着实精辟。为什么日本男人理解不了经历丰富、尝过酸甜苦辣的成熟女性的魅力呢？为什么在性市场上，没有经验、未经世故与生疏会拥有额外的价值？……连问出这些问题都显得愚蠢。正如你指出的那样，关键就在于男人胆小如鼠，害怕女人拿自己跟其他男人比较。而这些心胸狭小的男人恐怕正是性市场的主力顾客群。

　　这次的新书依然引人入胜，有敏锐的洞察和优秀的文笔。然而，我在这本尽是老生常谈的书中找不到任何新的发现。读后感就是三个字，烦透了。不是烦你的文字，而是烦你用文字描绘的现实。现实本就像书中描述的那样令人厌烦，在书中再看一遍，也只是烦上加烦。毕竟正如这本书的标题"非·绝种男女图鉴"所示，这是一篇关于"这类男女永远都不会消失"的报告。也许你那惯用长句、犬儒主义的风格很适合写这种观察世态的作品，但这种风格并不是万能的，有些东西没法这么写。如果你在与我通信时呈现出了不同于平时的写作风格，那你应该也能借此邂逅不一样的自己。读书是为了了解从未了解过的世界，看到从未看到过的现实，品味这个过程带来的欢喜与快乐。而写作风格是创造新现实的必备技能。

话说我在你的回信中发现了一件事。你写道："今天的男性已经逐渐习惯与女性并肩工作，或是在她们的指导下工作，而他们似乎将女性简单分成了三类：尊敬对象（老师和同事）、保护对象（妻子和女儿）和性对象（娼妇和情妇）。"这令我略感惊讶。因为长久以来，"常识"普遍认为，根据性的双重标准，男人只会把女人的"用途"分为两类：为繁殖服务的女人（妻子和母亲）或为愉悦服务的女人（娼妇和情妇）。原来还出现了第三种类型，即"同事（包括上司和下属）属性的女人"！这也许是因为职业女性有所增加，使女性出现在职场成了理所当然的景象。

至于你随后提出的观点，我也非常认同，男人确实很不欢迎女人在三种类型之间游移。你说"我总觉得男人是毫无恶意地给女人归了类，喜欢让女人待在自己所属的类别中"。可他们岂止是"没有恶意"啊，简直是"恶意满满"。因为这正是针对女性的"分而治之"。你写道，只要女人待在让男人觉得安心的类别中，就会得到"尊重"。但这本质上并不是尊重。更准确的说法是，她得到的只是与其类别相符的对待。而且区分三种类别的优劣高低，让女性相互对立与歧视，正是分而治之的金科玉律。天知道有多少女性被这种父权制的狡猾捆住手脚，在"女人的敌人是女人"的精神指导下，被迫置身于无谓的对立之中。女人若是企图越界，男人就会予以制裁，但与此同时，他们又会随意调整分类的标准，以便随心所欲地贬低女人。维持这几种类别的界限符合男权社会的利益，结合男权职场的现状便不难理解——他们不去想象或无法想象"同事属性的女人"同时也是"妻子或母亲属性的女人"，反之，为了贬低"同事属性的女人"（在不恰当的语境下）将其擅自归为"性对象属性的女人"便是性骚扰。在你指出的三种类别中，第三类（性对象属性的女人）的价值当然最低。照理说你只有当性对象的价值，可你却越界成了跟我平起平坐的同事，所以我要制裁你——这就是职场性骚扰的形成机制。你觉得这种天真而无意识地管理类别界限的行为是没有恶意的吗？如果女人在这些类别之间自由移动，男人就会感到困惑。他们毫不怀疑类别界限的管理权在自己手中，这种态度就是所谓的"阳刚之气"。

在半个世纪前，田中美津的《从厕所开始的解放》一文吹响了女性解放运动的号角，要求停止用"母亲或厕所"给女性分类，借此分而治之。如此想来，情况并没有太大的改变。在鬼畜系色情漫画中发现"肉便器"这种表述时，我感到毛骨悚然。"母亲"和"厕所"尽管有生殖与愉悦之差，但都是带有女性"性属性"且为男性所用的侧面。而"同事属性的女人"并没有性属性，这种女性类别的出现无疑是新现象。

《非·绝种男女图鉴》提到了与你同龄的奔四女性的生活实况。令我惊讶的是，她们的恋爱烦恼几乎都可归结到婚姻二字上。于是我冒出了一个单纯的疑问：她们真的这么想结婚吗？日本女性的平均初婚年龄为29.6岁（2019年）。她们真是一过30岁就感受到了被"剩下"的焦虑吗？我不禁想要吐槽一句，这真的不是在讲段子吗？

这些年我发表过各种关于婚姻的文章与言论，想必许多人已经很熟悉我对婚姻的定义：

> 所谓婚姻，就是将自己身体的性使用权交给特定且唯一的异性，为其终生专属的契约。

虽然这句话是我写的，但我仍然觉得这个定义骇人得很。单从字面都能看出这是一种多么可怕的契约。我可没本事遵守。遵守不了的诺言还不如不说。出于这个非常简单的理由，我从来没有做出过这样的承诺。可还是有无数男女前赴后继地做出这种非人力所及的承诺，而且还是在神坛之前。

参与拍摄松井久子导演的纪录片《你在畏惧什么：亲历女性主义的女人们》（2014年制作）时，我说了这样一句话："性身体的自由对女性非常重要。"松井导演在采访大致结束后录下我这句话并放在了附加片段中，后来又在精简深度采访时特意加上了这一段。这大概是因为，我是片中唯一谈起性的女性主义者。全国各地都举办了这部电影的放映会，但在映后座谈会上，没有一位来宾提到我的这句话。也不知道大家是想当作没听见，还是特别不想碰触这个主题。

所以在接受"人为什么搞婚外恋"的采访时[1]，我特别想反问一句："人怎么能忍住不搞婚外恋呢？"婚外恋（出轨）这个词本身也很不可思议。如果你不结婚，自然就没有婚外恋，所以只要别做遵守不了的承诺就能解决问题。二战前，通奸罪只适用于女性，战后的民法纠正了这种片面性，规定男女平等。但每次看到媒体谴责名流出轨，我都会觉得非常荒唐。你说媒体为什么要报道这种事呢？我听说过一个理由，说是播放这类新闻有助于拉高收视率。那我就好奇了，真有那么多观众对别人的婚外恋感兴趣吗？

正如我在上一封信里写的，我们这一代经历了浪漫爱意识形态的瓦解期。这种意识形态的目标是"爱、性和生殖在婚姻之下的三位一体"，战前女性主义思想家高群逸枝对其做出了如下描述：

> 婚姻是至死不渝的恋爱的完满。

我曾用这句话在几所女子大学做过测试，看看学生的反应是"哇（深受感动）"还是"呕（嗤之以鼻）"（笑）。这个测试好似石蕊试纸，可以反映出浪漫爱意识形态有没有延续至今。不同大学的测试结果呈现出不同的倾向。在某国立女子大学（一猜就知道），"哇"和"呕"大约是五五开。而在某私立女子大学，

"呕"占了大多数。不同的世代与阶级有着不同的性规范。

我在上一封信里写道，恋爱可以教会我们"人无法拥有他人，也无法被他人拥有"。我不想拥有别人，也不想被别人拥有。当我自主使用我的性身体时，我不希望有人来告诉我"可以"或"不可以"这样做；我也不愿想象自己之外的某个人拥有这样做的权利。反之，我也无法认为我有权利在别人行使性自由时横加指责。

我无法忍受将性和爱置于权利和义务的关系之下，与拥有和被拥有的关系挂钩。

因此，没有什么比男人对女人说"我会保护你""我会让你幸福"更令我反胃了。尽管我听说，有些女性听到这种话会怦然心动。

在性革命时期，我曾预测事实婚姻将在日本愈发普及。在我以社会学家的身份做出的近未来预测中，这算是相当不准的一项。站在"《同居时代》[2]一代"❶的角度看，我本以为选择事实婚姻的日本人会像外国那样增多，可直到今天，日本人登记结婚的时间和开始同居的时间依然大致相同，唯一的变化就是奉子成婚的数量略有增加。在欧洲，有了孩子也不登记结婚的情侣大有人在，所以日本的情况在发达国家中很不寻常。婚姻登记率确实有所下降，但这并不是事实婚姻增加所致，而是

---

❶ 《同居时代》是1972至1973年间连载的漫画，《同居时代》一代则指看这部漫画长大的人。

因为不结成情侣的单身贵族变多了。实际上有各种数据显示，大量未婚男女表示自己"没有恋人或正在交往的人"。

话说你在书里提到的"交往"❶一词也令人费解。这种关系是否意味着没有法律层面的契约，但双方视彼此为稳定伴侣，互为专属？

交往之前只算"床伴"，这时你还可以随心所欲，与任何人建立任何类型的关系。可一旦提出交往，就等于放弃了这种自由，转而建立专属伴侣关系。而你的女性朋友似乎都很渴望这种交往状态。莫非她们宁可放弃自己的自由，也想得到约束对方、谴责对方出轨的权利吗？

毕业生要结婚的时候，总是战战兢兢地来跟我报喜。而且没人请我参加婚礼，因为大家都认定"反正老师您是不会赏光的"。但这并不意味着我不祝福他们。遇到一个合适的人，心甘情愿与之构筑稳定的关系，愿意让对方参与自己的人生，也愿意卷入对方的人生……人活一辈子，这样的机会屈指可数。所以我会告诉他们"恭喜你遇到了足够好的人，你很幸运"。

至于婚姻没有消亡的理由……据我暗中观察，那也许是充分认识到婚姻脆弱之后的自我保护心理。如今的年轻人很清楚，无论他们在神明面前许下多少誓言，婚姻都脆弱易碎。今时今日，三分之一的夫妻会以离婚收场。正如你所写的那样，我也认为"这是因为婚姻之外的互助选项实在太少了"。

---

❶ 交往（つきあう）相当于中文语境中的"确认关系"。

之所以用"定下来"或"解决人生大事"来描述婚姻,不仅是因为结婚能让当事人顺利嵌入社会的框架,更因为大家普遍觉得结了婚便能获得安全感和保障。就在最近,我听说一位老母亲留下年过五十的单身女儿撒手人寰,而她最大的遗憾就是女儿没有结婚。女儿的年纪摆在那里,孙子恐怕是指望不上了,但只要把婚结了,做母亲的就能放心不少——大概那代人都对婚姻抱有如此强烈的执念。不过我告诉那位女儿,遇到这种情况你就跟妈妈说:"妈,现在结婚只会增加我的照护负担。"

只要婚姻还是如此"理所当然"的习俗,结了婚的人就不需要回答"为什么结婚",唯有置身于婚姻之外的人会被反复问及"为什么不结婚"。在我看来,结婚才需要痛下决心,不结婚只是拖延做决定的结果罢了。所以,问那些做出决定的人为什么结婚,似乎才是理所当然。

我选择不结婚的部分原因是不想用契约束缚人际关系。不过说得再酷一点的话,也是因为我不想为自己的人生上任何形式的"保险"。尽管这种保险其实只有一纸空文,根本靠不住,大家也见证了无数次,可还是有人想要抓住这根救命稻草。我倒也无意否定他们的想法。

话虽如此,婚姻不仅仅是浪漫爱意识形态的终点,也是家庭的开端。对家庭的渴望足以成为步入婚姻的动机。因为正如你指出,也正如我反复强调的那样,家庭是终极的安防用品。无论人们怎么颂扬社会资本中松散的关系网络,你都找不到比血缘更强大的社会资本。提出社会资本理论的林南是一名曾在美国求学的华人。众所周知，即使华人分散在世界各地，他们也拥有基于血缘的强大互助网络。

如果说结婚的动机是组建家庭，那么奉子成婚就是合理的。社会学家山田昌弘定会如此分析：除了组建家庭，现在的日本年轻人没有其他的结婚动机，而结婚率下降是由于组建家庭的成本很高，以至于人群两极分化成了"能结婚的人"和"不能结婚的人"。法律婚姻当然不是组建家庭的必备条件，但孩子必不可少。

最狭义的家庭即核心家庭，由性二元关系和母子二元关系组成。即便去掉性二元关系，家庭仍可以维持，反之则不然。迄今为止，家庭一直是无法替代的社会再生产制度，把无法再生产的单位称为"家庭"不过是一种隐喻。

你似乎在与父亲照顾患病母亲的那两年里切身体会到了这一点。使你父母成为"家人"的，不仅仅是性的纽带。正是因为有了你这个孩子，他们的纽带才变得"命中注定"（当然，也有些夫妇无论生育几个子女都到不了这个境界）。没有什么关系比亲子更加命中注定、无法选择。你没有选择生在"这个母亲"膝下，你母亲也没有特意选择生下"这个女儿"。在我看来，家庭二字之所以富有魔力，只可能是因为人们渴望这种无法选择的命中注定。

我和几个男人同居过，每次都会琢磨："如果他因为车祸什么的半身不遂了，我会抛弃他吗？"然后在某个瞬间，我会突然这么想:"即使他变成那样,我应该也不会离开他。"那时我便能感觉到,"啊……我们已经是'家人'了"。

你和父亲肯定也是在这种命运纽带的指引下照顾着母亲。把你生下来的母亲应该也接受了无法选择的纽带,投入大量的精力和时间,将曾是无助婴儿的你抚养长大。性的纽带是可以选择的,必要时甚至可以切断,血缘纽带却无法选择。如果这种纽带可以选择,想系就系,想解就解……恐怕这种梦想称不上解放,更像是噩梦。有利于自己的时候才是"家人",风向不对就一刀两断……这种功利性的关系不能被称为家庭,所以人们从没有舍弃家庭这个词。[3]

作为一个没有生过孩子的女人,我很遗憾不能在信中与你探讨为人父母的经历,但你仍是有可能生育的年纪。

与结婚相比,生育对女性人生的改变更为剧烈。问问老妇人这辈子最难忘的事是什么,你会发现很少有人回答未婚姑娘无比向往的婚礼。最令她们感动的记忆,是第一个孩子诞生的瞬间。可不是吗?生育对女性人生的改变是婚姻无法比拟的。

每个人都出生在家庭之中。我们无法选择是否出生,但可以在长大之后选择要不要组建家庭。我不认为结婚与否是个大问题。更能改写人生的决定是,要不要通过生育来选择"家庭"这一无法选择的纽带。我选择不组建家庭,但这并不是一次性做出的、有十足把握的决定。对女人来说,直到育龄期结束,这个选择都将持续困扰着我们。我已经可以用过去式讨论这个问题了,但你不能。我很想知道,在那个家庭出生长大的你,有没有在未来组建家庭的打算（话虽如此，我还是不由得感叹这个时代的艰难与凄凉，因为连这件事都是可以选择，而不再是命中注定的了）。

2020 年 8 月 15 日

上野千鹤子

[1] 龟山早苗，《人为什么搞婚外恋》，SB Creative，2016 年。

[2] 上村一夫的漫画作品，1972 至 1973 年连载于《漫画 Action》。

[3] 在现实中，面临危机的家庭可能为了生存而抛弃不利于自己的成员。详见上野千鹤子的《近代家庭的形成和终结（新版）》（岩波现代文库，2020）中的"家庭自我认同意识的走向"。

认可欲求

> 性是可以出售的商品,
> 这对什么都不是、没有安全感的年轻女人很重要。

上野千鹤子女士：

非常感谢您读了我寄去的书。我也认为这是一本令人厌烦的书，里面写的都是令人厌烦的现状。在这个新工具和新信息层出不穷的时代，一切却都似曾相识，没什么新的见解和变化，放眼望去，也尽是为老问题苦恼的人……这也是我取这个书名的深层含义。

正如您在上一封信的开头指出的那样，我确实对自己的恋爱和性谈得不够充分。之所以没有就性深入展开，是因为我对性的认识还没有挣脱过于刻板的定义，以至于没有真正可说的。下一个主题刚好是"认可欲求"，我觉得这倒是个好时机，可以稍微回顾之前的主题，同时展开谈一谈。

在关于恋爱和性的那封信里，我从"作为原味少女看待男性"的高中时代讲起，说我基本上对男人绝望了，认为不可能与他们建立严肃的关系。套着内裤自慰的他们是如此诡异，要和这样的人相互理解、对等交流简直就是痴人说梦。正因为有这样的经历，我从没有认真对待过恋爱，以至于母亲说我"不把恋爱放在眼里"。这些都是信里提过的。

但就算无意面对恋爱，也可以有性体验，而且正如您指出的那样，我也认为自己的"性经验比寻常女性丰富得多"。对我来说，在很长一段时间里，性是最不需要先期投资的商品。我高一那年开始去原味店打工，当时我还没有任何性经验，这意味着我在体验性之前先体验了间接的卖娼行为。后来，我因为不想做没经验的雏儿就随随便便解决了"第一次"，这让我一直以来都觉得：自己的性是可以换取某种回报的平台。

我体验过的性可以大致分成两种，一种是直接涉及金钱的性行为，比如AV与卖娼，另一种则是与男友和其他男人发生的无偿性行为。可即便是后一种情况，我也从未想过享受性行为本身，而是一心想从中得到某些东西，不然就亏大了。为了分到更好的差事跟上司睡觉，为了给自己脸上贴金和名人睡觉，为了坐上女友宝座跟帅气学长睡觉，为了过上优雅体面的生活和有钱人睡觉……我有这样的欲望，却从没想过追求性本身的愉悦，也完全不觉得那是人们所谓"爱的行为"。

因此，我至今不觉得性舒服与否的标准在于"是否涉及金钱"。在我看来，性高潮不过是出于某种原因进行的性行为偶然产生的赠品，并不需要满足某种条件或符合什么规律。

您之前的回信中有这样一句话："不过是性罢了"，"就这种程度的恋爱而已"……如果你抱有这种想法，那回报也就只会有这么一丁点。没错，确实如您所说。我一边鄙视对方竟不惜为这种东西掏钱,一边把性看作无比方便的商品,因为它怎么卖都卖不完,永远都留在我的手中。我不明白除了生殖器的收缩,快感还能有什么意义。

因此,无论是家庭主妇与丈夫缔结专属的性关系、永久地将性交给对方以换取经济保障的做法,还是《JJ》[1]女学生们将自己的性包装成高档品后将使用权交给别人,以期通过婚姻实现阶级跃升这类行为背后的价值观,以及她们认为与丈夫的性生活是"无尽的痛苦"这一点,都能令我产生一种亲切感。我就是觉得失去生活的自由似乎比被称为荡妇要痛苦得多,所以宁可用两个小时的性行为获得相应的回报,也不要交出性的长期使用权以获取巨大的安全感。考虑到婚姻的代价对自己日常生活的侵蚀程度,单件的性还是方便得很,毕竟它能与日常生活剥离,暂时作为商品出售。

十多年来,我一直在利用性的这一特点,哪怕是"不舒服的性"也要坚持下去,这是因为我认定自己可以从中获取某种东西。换个更准确的说法,我认为"可以通过一次性行为获得一些东西"这个事实本身对年轻的我来说非常重要。我的性是有价值的,而且我可以随随便便浪费、糟蹋这种有价值的性——让我"舒服"的就是这种幻想。

自己的性是可以出售的商品,这个事实刚好可以大肆满足还什么都不是、没有安全感的年轻女人那随便马虎的认可欲求。

---

[1] 70年代开始发行的女性时尚杂志,杂志名取自日语"女性自身"(Josei-Jishin)的缩写,杂志主要介绍取悦男性的穿衣打扮风格,受众是女大学生。

不断地自己定义自己的价值需要勇气和精力，还需要知识和学习，但被他人物化时的标价无关自身努力。只要化个妆，穿上能勾起男人性欲的衣服，就能轻松抬高价格。只需要一丁点投资，就能轻易感受到自己和身边其他女人之间的价格差异。即便用糟糕的价格把自己卖掉了，也可以换个价格再卖一遍。男人甘愿为性行为支付血汗钱，自己却能以同样的行为获得报酬。自己可以随意糟蹋性，于是就能对小心翼翼保管着性的女性产生优越感。

广义的卖淫性质的性行为不需要磨合双方的语境。对买方而言，我是一个方便的厕所，是一个稍微花点小钱就能随意摆布的性对象。而对我来说，买方就是个可悲的家伙，不掏钱就无权和我上床。即便如此，我们只需要在语境并不一致的前提下应付两个小时就行，也不至于遇到恋爱性行为中常有的问题，争论"我是这个意思"和"我不是那个意思"。男人以为自己买的是我对性的自我决定权和自由，而我以为我卖的是时间和无足轻重的行为。即使双方买卖的不是同一件东西，生意照样能做。乍看之下，甚至呈现出双赢的局面。

部分女性对他人的卖淫行为感到不快，一心想要根除。我觉得一个原因是她们认为男人仍然保留了他们的片面幻想而没有受到任何挑战，这会产生社会危害。她们的观点非常正确。男人就这么拍拍屁股走人，误以为能靠自己的力量对女人为所欲为，决定女人的价值。但以这种方式开始的卖淫也为像我当年那样年轻的女性提供了轻易满足欲求的平台，在这种情况下，买卖双方认识不一致似乎并不是什么大问题。

其实在我看来，人们挂在嘴边的所谓恋爱本就很牵强，因为一方是通过少女漫画学习恋爱的女人，另一方则是通过AV学习性的男人，这样两个人要在不同的语境下"分享"同一个空间，想方设法将对方拽进自己的语境，这未免也太强人所难了。您在信中以《死之棘》为例，指出"在恋爱这种游戏中，女人的赌注和男人的赌注从来都不对等"。要我说，那岂止是不对等，根本是完全不同。AV中的女演员是男人的玩具，但在少女漫画中，爱情是满足认可欲求的唯一工具。您说我在书里经常提到的"交往"一词令人费解，而在少女漫画中，交往意味着"恋爱的圆满实现"，"平凡的我"将因此成为"特别的我"，所以渴望交往的女人想要什么也就不难想象了。

走过一个世纪的少女漫画也日趋多样化了，但有一点没怎么变，那就是：恋爱至高无上，它是让人变得特别的机会，是满足认可欲求的机会。它以浪漫爱意识形态为基础，在与世隔绝的虚拟世界中演化成了与现实恋爱似是而非的东西，其结构类似于男人爱看的超级英雄故事，好比"被蜘蛛咬了的人突然变成蜘蛛侠"。即使浪漫爱意识形态已经土崩瓦解，少女漫画仍然由女性绘制，再由女性消费。我书中的人物之所以渴望"交往"，大概也是因为她们在少女漫画中体验到了强烈的自我肯定感，却没能在别处找到足以超越这种感觉并满足其认可欲求的故事。

我能切身感觉到情况正在慢慢改变。2004年，酒井顺子的

《败犬的呐喊》打入畅销榜。在那个年代，无论社会上有多少出色的女性，无论她们在其他领域得到了多高的评价，没有在婚恋方面取得成功的一律都是"败犬"，当事人对这个书名肯定很有共鸣。虽然只过去了大约十五年，但我感觉现在的大环境已经不太一样。是不是因为有越来越多的工具（比如社交平台）使我们能够在不牵涉性或爱的情况下获得他人的认可？如果认可欲求的目标从恋爱切换成了 Instagram 上的"赞"，那后者恐怕比卖娼更即时，而且更容易与他人比较，所以更容易产生依赖性。

总而言之，有人信奉恋爱至上主义，找到真命天子，为恋爱画上圆满的结局；有荡妇通过成为许多人欲想的对象而得到满足；有娼妇因为靠性换得报酬而感到满足。这就是我在二十多岁时和许多女性粗略探讨"恋爱和性"的感想。

恋爱可以满足认可欲求，为自我实现和自我认同创造一切必要的条件。在恋爱关系中，一方渴望恋爱，一方渴望拥有女人并满足性欲，两个欲求不同的人通过共享另一个目标"生育后代"勉强实现了共存。在我看来，这样的恋爱非常费事。但我在性中追求的东西，也许与少女漫画在恋爱中追求的东西相似。尽管回报很小，随之而来的认可也会在一夜之间消失殆尽。

然而，如果您问我是不是仍然认为性行为是出卖性并获得报酬的平台，我的回答是，这种感觉好像在不知不觉中变淡了。我也不知道这是因为我察觉到自己的性的市场价正在下跌，于是发动防卫本能舍弃了这种感觉，还是因为我现在不必出卖性也能得到以往用性换取的某些东西。您在信中提到，许多所谓的慕男狂在人生暮年把性爱合一的极致称为"最美好的性体验"，可我至今没有如此清晰的感觉。我还是不明白什么是"舒服的性"，什么又是"不舒服的性"，仍未走出"无论舒不舒服都要做的性"。

如果说有什么变化的话，那就是年过三十之后，我第一次在自己身上找到了疑似性欲的东西。以前的"我想做爱"显然是"我想让人认为我想做爱"，但现在这种欲望似乎变得更直接了一些。

不过我曾有机会与一些在熟女风俗店、熟女夜总会工作的女性交流，她们大多已婚，在家中几乎没有性生活。"我想确认自己作为女性还活跃在第一线""我希望别人当我是个女人""我想证明自己作为女性仍然有价值"……她们如此说道。中村兔女士写道，她之所以做外送茶❶女郎，是因为在牛郎俱乐部没有以女人的身份勾起男人的欲望，所以想重拾因此丧失的自信。即使在性市场上的价值随着年龄增长而下降（甚至可以说是正因为价值下降了），通过性和卖娼感受自身价值的快感可能也不会消失。从这个意义上讲，我的卖娼欲是有可能上升的，目前大概正处于这种状态。

尽管对性的直接欲望增加了，但我知道自己内心深处的某个角落仍然觉得男人诡异而可悲，会在原味店花钱买内裤套在

---

❶ 风俗业的一种，没有实体店面，性工作者去往客人的住处或酒店，禁止插入行为。

头上,把堆堆袜缠在脖子上。也许正是因此,尽管我认为那些公开反对男性统治的年轻女性大有可为,但同时又无法百分之百地赞同她们,总有种"跟男人说什么都白搭"的感觉。

其实我个人认为,我之所以很少与日本男性上床或恋爱,也许是因为这样能暂时解开我心里的疙瘩——"我想做爱,但不想在和原味店大叔对等的关系中追求肉体的愉悦"(只是我平时很少提起这些)。我很容易认定,在外国长大的外籍男性与爱好原味店和 AV 的大叔不同,即使无法相互理解,也很容易接受,不会感到丝毫绝望。还有就是,会做爱的日本男人真的很难遇到,可能是因为这一代人把日本 AV 当作学习性的工具,以至于他们会射精却不会做爱。尽管用卖娼满足认可欲求的时候,这类人是非常合适的对象。

放眼世界,据说日本是性满意度最低的国家之一。典雅公司❶的一项问卷调查曾引起媒体热议,其中有一个问题是"做什么事最能让你感到快乐",大多数国家的受访者选的是"做爱"或"与爱人共处",日本人却不然,排名第一的竟是"享用美食",而且遥遥领先(十四个选项中"做爱"排名第五)。莫非是很多日本人本就不太喜欢做爱吗?不过我自己外出旅行的时候也是先找美食,然后才轮到男人。

然而,也许正因为我没有经历过那种双向满足的性,所以通过性得到的愉悦很少,也没有体验过"舒服的性"。看完您的信,我不禁心生羡慕,也不知哪儿有足以让双方"充分学习

---

❶ 日本一家售卖男性自慰用品的公司。

自己和他人"的好男人，不知道这种人是找出来的，还是自己培养出来的。现阶段，我仍然只能与高度重视性的国家的男人发生性关系，借此确认自己的性欲。也许对我来说，恋爱游戏与性仍是一片未知的领域。您在"婚姻"那个回合中问我将来是否有组建家庭的打算，我的回答仍然和二十岁时一样，"想试试看，但又觉得自己没这个本事"。不过我确实认为，当下的社会环境使人很难想象不组建家庭的话会是一个怎样的死法。

本想从性切入认可欲求这一主题，结果发现我只要试图写性，内容就几乎围着卖娼打转，写恋爱也好不到哪儿去，最终写出来的也是与恋爱似是而非的东西，以至于整封信的内容显得非常松散。您会批判男人的思维，却不蔑视男性，也没有对他们感到绝望，看来我还有很多东西要向您学习。

2020 年 9 月 11 日
铃木凉美

> 让我感到不可思议的是，
> 拥有众多可利用资源的你
> 竟有层层倒转的自我意识与自尊。

铃木凉美女士：

回信收悉。十二个月的主题大纲确实事先定了，你似乎也规规矩矩地照着大纲来。其实我完全不介意你跑跑题或者无视当月的主题，毕竟那就是一份备忘录而已。不过把"认可欲求"排在恋爱与婚姻后面倒也连贯。你的回信解开了我的不少疑惑。我感觉我们的对话越来越在一个频道上了。

你大概不乐意我在信里提到你的家人，不过令尊铃木晶先生不久前寄赠了《爱的艺术》的新译本给我。我读过艾里希·弗洛姆的《逃避自由》，但没有读过《爱的艺术》。许多读者称之为"枕边书"或"改变人生之书"，我却一直绕着它走，问题也许出在日语版那玄乎的书名上。[1]它的初版发行于1956年，悬田克躬的日译本于1959年出版。我年轻时就接触到了它，只

---

[1] 日语版书名为"什么是爱"。

是年少气盛，觉得不需要一个大叔来教我什么是爱吧。

但看到原书的标题时，我不禁吃了一惊。原来是 The Art of Loving。铃木晶先生将其翻译为"爱的技术"。第一章是"爱是一门技术吗"，第四章是"爱的实践"……哦，如果是技术，那确实需要学习与掌握。我想起柳田国男在《明治大正史·世相篇》设了一章"恋爱技术的兴衰"，当时这本书被列入指定参考书目时还引来一些女学生的不满。照她们的说法，这是对神圣恋爱的亵渎，恋爱是毫无征兆"坠入"的东西，谈何"技术"，更不存在"兴衰"。肯定是少女漫画看多了。容我补充一下，我说的是 80 年代的女学生，她们可能是最后一批被浪漫爱意识形态洗脑的人。三十多年过去了，五十多岁的她们还会看着 Netflix 的《爱的迫降》❶心旌摇荡吗？要知道，她们通过这些年的跌打滚爬已经深刻认识到，现实世界中找不到这样的"爱"。

弗洛姆要反驳的正是"坠入爱河"这种想法，即认为恋爱不需要技巧或练习的态度。通读全书之后，你会发现弗洛姆所谓的恋爱是一种说起来容易，做起来难，学起来也难的行为。如果我们把原标题中的 Art 翻译成"艺术"而不是"技术"呢？技术会让人联想到技巧和操作手册。艺术也需要技术和实践，但还包含了超越这两者的元素，而且这种元素恐怕无法教授或学习，只能通过自身经验去领会。

读完弗洛姆之后，我对书中的好几处产生了共鸣。他区分

---

❶ 韩国爱情连续剧，女主角是因滑翔伞事故被迫在朝鲜降落的韩国财阀继承人，男主角是朝鲜人民军军官。

了性和爱这两个本该区分的东西，非常令人信服。他认为性障碍（性冷淡）的原因"不在于不了解正确的方法或技巧，而在于情感上的压抑使得他们无法爱人"，"对异性的恐惧或憎恨"阻碍了这些人"沉浸其中"（并因此高潮），这与我在第三封信中围绕高潮展开的论述相吻合。有些书专门面向与伴侣做爱时无法达到高潮的女性，介绍了各种性技巧和阴道保健操，但我的建议很简单：与其折腾这些，不如干脆换个人？……可正因为她们换不了，才会有无止尽的烦恼吧（笑）。

除此之外，书里还有不少值得倾听的观点。

"爱是一种积极的行动，而不是被动的情感，它是主动'站进去'的行动，而不是盲目'坠入'的情感。"

"本质上，爱是将自己一生完全托付给对方的决断行为。"

为此，"人只有自由，才能尊敬人"。"独处的能力是爱的能力的前提条件。"

我觉得这些观点都很有道理，因为我是过来人。所以在我这个年纪看这本书，理解深度应该和年轻时有很大不同。

弗洛姆称爱是一种技术，但他又说"爱是个人的经验，你除了自己去经验，没有别的方法可以经验到它"。就好像你不能教会一个没体验过高潮的人什么是高潮。

他批评弗洛伊德是19世纪德国父权主义者，笔锋犀利而精准。他对母爱的分析也很有说服力。

"要让子女明白什么是爱、什么是欢乐、什么是幸福，最好的方法是有一位自爱的母亲爱他。"这也是没有成为母亲的我一直以来对那些成为母亲的女性的赠言——"不做一个幸福的母亲,就不可能实现幸福的育儿。"

译者肯定最希望他的女儿,也就是你能读到这本书。先别嫌它是男性说教(尽管有些部分确实有说教意味),读读看嘛。

弗洛姆重点论述了"爱"与"被爱"的区别。"被母亲所爱的体验是被动的,我无须做什么以期得到母亲的爱——母爱是无条件的。硬要说必须做什么的话,那就是活着,并且做母亲的孩子……得到母爱无须努力,无须什么资格。"

这是多么"无上的幸福"啊。失去双亲时,我感觉自己彻底失去了单纯因我的存在而喜悦的人。

但弗洛姆指出,孩子必须走出理想化的母子关系茧房,置身于父爱这种"有条件的爱"之下。在现代社会,母爱似乎也正在演变成一种有条件的爱。在我任教的东京大学,我见证了一个又一个孩子坚强地回应这种有条件的爱,最终或成功或失败。

回应有条件的爱,就可以换得认可欲求的满足。如果把有条件的爱换成性欲呢?只有回应对方的欲望,自己才会被赋予价值。这种"价值"体现为资本主义社会中最简明易懂的财物,也就是货币。货币具有通用性,可与其他财物交换,而且可以计量,可以排序。自己的"定价"变高,就会误以为自己的价值上升了,这种市场价值的波动你应该最清楚不过。

你在十多岁的时候便已经知道性可以换来金钱,意识到自己拥有可以利用的财物,而那种欲望的市场建立在男人的性欲,而且还是最丑恶低级的性欲之上,这也许确实不幸。于是你对这群有着怪异欲望的人绝望了，觉得"跟他们说什么都白搭"。原味少女和援交少女以这种方式提供她们仅有的财产，换取廉价的认可。如此想来，投身性产业的女性又岂是特例，夜晚在闹市区游荡、期待有某个"神仙"收留自己过夜的少女，大概也在寻求同一种认同。天真的少女觉得人家对自己好，就要以性作为回报，这离为自己标价、跟男人讨价还价只有一步之遥。因为性市场就建立在这种有条件的爱之上。

不过许多学者长久以来认为，通过成为性对象来满足认可欲求是低自尊女性的专利，她们几乎没有获得认可的其他方式。一直以来的讨论也认为，女性的低自尊是严重厌女的社会的产物。那些除了勾起男人性欲外就没有其他存在价值的女人努力在性市场上为自己开出高价，而男人大力践行厌女，用性骚扰提醒女同事和女下属，"除了勾起我的性欲，你没有任何价值"。这就是为什么在回应性骚扰或色狼的指控时，男人可以做出充满侮辱的"反击"："少给自己脸上贴金了，谁会碰你这样的丑八怪？"

让我感到不可思议的是，你的自尊并不低，而且你完全不必出卖性价值，也可以利用其他资源满足认可欲求（按阿马蒂亚·森的说法，你的可行能力很高），但你竟和进入性产业、参与援交的女性采取了同样的行为。在我看来，其中似乎有层层倒转、扭曲的自我意识和自尊在起作用。你回信中的这句话将这一点体现得淋漓尽致。

我的性是有价值的,而且我可以随随便便浪费、糟蹋这种有价值的性——让我"舒服"的就是这种幻想。

男人甘愿为性行为支付血汗钱,自己却能以同样的行为获得报酬。自己可以随意糟蹋性,于是就能对小心翼翼保管着性的女性产生优越感。

你还说,"自己的性是可以出售的商品,这个事实刚好可以大肆满足还什么都不是、没有安全感的年轻女人那随便马虎的认可欲求"。作为"没有安全感的年轻女人"的一员,可以随意糟蹋在他人看来有价值的性——这个特权肯定反过来满足了你的自尊心。再加上"母亲禁止并厌恶到极点"这层禁忌,"扔进阴沟的性"就显得更有价值了。

在《厌女:日本的女性嫌恶》中,我用两章的篇幅谈论了东电女职员❶,她扭曲的精英意识似乎与你的心态有共通之处。她通过刻意贱卖本没有必要卖的东西,给理应被唾弃的贫贱男人的性"标价"。最终,她的性下跌到两千日元一次,而这其实是她给男人标的价格。只有女性读者才能理解其中的微妙之处。

我曾因机缘巧合与现在备受关注的人类学家小川彩香对谈过一次。她是一位极具个性的田野工作者,出版了一本引人入

---

❶ 1997 年一名女性被人扼死,凶手至今未知。这位女性白天是东京电力公司的中层管理干部,夜晚上街卖娼。

胜的书，题为《重庆大厦的老板都知道》，一举拿下今年的大宅壮一非虚构文学奖和河合隼雄学艺奖。经她介绍，我读了一篇她的研究生写的论文，主题是非洲加纳的"干爹"（Sugar Daddy）。[1] Sugar Daddy/Sugar Mummy 这个说法着实精妙，相当于日语中的"爸爸活/妈妈活"，前者指年轻女性与有一定经济实力、比自己年长很多的男性建立长期的有偿性关系。男方似乎已婚者居多，但加纳社会的不成文法律允许一夫多妻，因此被包养者（Sugar Baby）最终有可能与干爹结婚。这篇文章的作者小田英里称，"这种包养关系是'有可能通向婚姻的恋爱关系'和'以性换取金钱财物的功利性交换关系'的延伸"。这么说起来，日本不也有援助交际和情妇库❶吗。在"援助交际"一词登上历史舞台的时候，我不禁赞叹它的精妙，因为它巧妙地为男性开脱了罪责。女孩们则简单地称其为"卖"（取卖娼之意）。不过，加纳的"干爹"并不等同于世界各地都有的"少女卖娼"，因为当地社会似乎普遍接受和认可这种做法。

这种关系被称为"交易性行为"（也可以翻译成"作为经济行为的性行为"），根据先行研究，坦桑尼亚80%的14岁至19岁女性和乌干达90%的15岁至19岁女性都有这种经历。

交易性行为不仅包括"你请我吃饭，我陪你上床作为回报"的一夜情，还可能包括：与给你打高分的老师保持的长期关系，与暗示给你好处的客户之间的关系，甚至包括缔结专属契约以换取生活保障的情人关系。放在今天，这些行为会被归入"有

---

❶ 为富人和有意成为情妇的女性牵线搭桥的服务。

偿性骚扰"的范畴,但参与其中的当事人不认为这是卖娼,更不觉得是性骚扰,她们似乎是心甘情愿投身其中。在非洲社会,婚姻等于换取彩礼的观念根深蒂固,有偿性行为也得到社会和道德的接受,于是产生了一种价值观,认为"以性行为换取财物是'女性的权利'","男性与女性发生性行为却不给她们财物就等于'抢劫'"。甚至有人说,"女性同意发生性行为却不换取财物是缺乏自尊的表现"。交易性行为让从事这种行为的女性体验到对性的"自主感",以及对男性的"掌控感"和"力量感"。

这并非心理错乱。一位在京都研究艺妓的美国女性人类学家[2]也发现,艺妓有强烈的自主意识。即使有靠山,她们也不会"白白"委身于人。这种自尊心甚至转化成了对有夫之妇的优越感,因为她们在经济上只能依赖丈夫。对这些女性来说,"免费给人睡"才是贬低自身价值的行为,愚蠢至极。

我们也不能采用东方人的视角,觉得"非洲就是这副样子"。意大利女性主义者乔凡娜·弗兰卡·德拉·科斯塔在《爱的劳动》中指出,娼妇的尊严就在于"不白白让男人干"。与之形成鲜明对比的是,妻子的性是无偿劳动,得不到应有的报酬。那篇论文还提到加纳的女孩为了攒钱参加周末的闺蜜聚会而开展有偿性行为,而我从日本的少女那里听到过如出一辙的事情。

非洲社会也深深卷入了全球化浪潮下的市场经济。从某种角度看,我们可以说女性的个人化程度提高了,毕竟交易性行为的报酬是支付给女性本人,而在过去,结婚时收的彩礼归女方亲属(父亲)所有。即使女性将报酬寄给在老家帮她照顾孩子的父母，这种交易也是在个人层面而非亲属层面发生的。交易性行为不能被称为性骚扰或性暴力，因为在其中起作用的是女性个人的能动性，而不是父母或家族把女儿送出去。但这就像福柯所说的，权力内化的结果是让行为看似是自发的，而非强迫。这就好像尽管包办婚姻减少了，恋爱结婚增加了，婚姻市场上的配对情况并没有任何变化（对象不是父母选的，但当事人自己选的伴侣和父母会选的差不多）。

加纳与日本的不同在于，交易性行为是否被社会和道德接受。非洲的父母知道女儿在做什么，女儿也不隐瞒，这似乎也不会成为她们婚姻或社会生活的耻辱。既然如此，那日本也变成这样不就行了？……且慢！别忘了，"性对女性来说是经济行为"的社会建立在压倒性的性别不对称上。这样的社会，叫父权制社会。

交易性行为对男人来说是"性行为"，对女人来说是"经济行为"，双方交换的东西并不对等。这种不对称交换得以成立的条件是，包括经济资源、权力、特权、认可在内的所有资源都（不平均地）分配给了男性群体。劣势玩家被迫回应有条件的爱，以寻求经济报酬和社会认可，因为他们别无选择。学者将交易性行为称为求生性行为，想来也是点出了真相。

交易性行为下还有一个类别，叫"消费性行为"。求生性行为和消费性行为（让人想起当年的援交少女）本是学者用于分类的用语，但它们往往会倒流回当事人那里，被她们误用和挪用（这也是常有的事）。论文中就有一名提供信息的当事人将消费性行为理解为"性交易本身就是目的"的自我满足行为，而不认为性交易是换取金钱购买其他消费品的手段。站在当事人的角度，这样分确实更符合实际情况。这就相当于我们耳熟能详的"恩客"和"情夫"、"靠山"和"男朋友"之间的区别。她们不向后者索要回报，这意味着她们不惜"愚蠢地""提供免费的性"，也要违背性交易市场原理。

从文化相对主义的角度看，我们不能说非洲的道德水平低下。已经实现性工作合法化的荷兰和德国正引领性交易去污名化的进程，而小田女士介绍的非洲则展现了前沿市场经济与传统社会价值观相结合的背景下女性的生存策略。在积累一定资源之后，女性会不会摇身一变当"干妈"呢？那样和牛郎俱乐部里一掷千金的女性又有何不同？

在市场上用性换取经济回报……市场不就是这么回事吗？将一切都变成商品吃干抹净的不就是资本主义吗？——我不认同这种虚无主义。资本主义创造了一个由自由劳动者（除了出卖自己的劳动力，没有其他生存手段的工资劳动者）组成的劳动市场，但他们的"自由"是受限的。劳动者可以与资本家签订"自由"的契约，但他们成为债务奴隶的"自由"是被禁止的。例如，你无法将自己作为债务的抵押品，"不还钱就沦为奴隶"的契约在现代法律中无法成立。买卖身体部位和器官也是类似，买卖胎儿与贩卖儿童也一样无效。现实世界中确实存在可以买卖器官的黑市，也有以代孕妈妈的名义买卖胎儿的市场，这都是无限接近违法行为的灰色地带。换句话说，在资本主义之下，可以交换的东西是有限制的，并不是所有东西都可以成为商品。性作为一种对身体的侵犯行为，同样处于这个灰色地带。

说回认可吧。社会认可最明显的标准莫过于金钱。但听说男性自我效能感（通俗地说就是"老子天下第一"的意识）的首要指标是挣钱能力时，我被他们的单纯惊得说不出话来。女性的首要指标大概是婚姻吧，身处同性友爱社会中的女人会抢夺所谓的指定席位，而这个"正妻地位"极难放弃的原因恐怕不只是经济上的依赖，更多是害怕失去这种社会认可。这也就解释了"男人愿意为自己花多少钱"为什么会成为衡量认可的指标。我不记得你是不是在某篇文章里提过，曾经有个男人愿意一晚上为你花掉一百万，这件事给了你尊严，成了你日后人生的精神支柱。

要说读完那一段的感想，我想引用一下《别扭女子》的文库版解读。那篇解读是别扭女子热潮的带头人雨宫麻美亲自请我撰写的。

> 别为了一点小钱脱下内裤。别对不喜欢的男人张开双腿。别因为男人的奉承就在人前脱光衣服。别误以为在人前脱光这种小事会改变你的人生。别为了得到男人的赞赏当着别人的面上床。别因为某个自私的男人对你心生情欲就得意扬扬。别靠男人给的认可活下去。别用笑容回应男人的麻木不仁。别封印自己的情绪。还有……别再轻贱自己了。[3]

你的母亲和父亲肯定与我有同样的感受。

说起来，女性主义一直主张的就是"我不需要男人的认可也能做好我自己"，我的价值由我创造。眼看着年轻女性研读"斩男妆"和"斩男穿搭"指南，为了通往婚姻的交往机会而眼红，我是真心觉得可悲。难道女性直到今天还无法靠自己的力量获得认可吗？

最后还是聊回《爱的艺术》吧。顾名思义，认可欲求是一种被动的欲求，即"想要被认可"和"想要被爱"。而弗洛姆明确指出，爱是一种积极主动的行为。而积极主动的行为正是自主的标志。如此想来，世间最有意义的行为不正是不求回报的付出吗？这种行为的回报不来自他人，而来自我们自己。

2020 年 9 月 21 日
上野千鹤子

[1] 小田英里，《加纳城市中的"包养关系"》，*Core Ethics* Vol.15，立命馆大学大学院前沿综合学术研究科，2019 年。

[2] 丽莎·戴尔比著，入江恭子译，《我在京都当艺妓》，阪急 Communications，1985 年。

[3] 上野千鹤子，《别扭女子的当事人研究》，收录于《发情装置（新版）》，岩波现代文库，2015 年。

能力

> 为得到怜爱与尊敬，
> AV女演员和高学历的头衔我都需要。

上野千鹤子女士：

您上个月的来信从弗洛姆的爱的技术谈到交易性行为问题，其中包含了许多我非常感兴趣的元素。我倒也不打算完全按既定大纲走，您提炼的思路为对话的发展方向添上了新的辅助线，我今后也想试着灵活运用它们。

弗洛姆的那本书我粗略翻过，不过是1991年的老译本。父亲也给我寄来了新版，于是我重读了感兴趣的部分。

弗洛姆分别论述了父爱（有条件的爱）和母爱（无条件的爱）。您指出"在现代社会中，母爱似乎也正在演变成一种有条件的爱"，对此我非常认同。我甚至觉得，在父权元素相对后撤的情况下，母爱反而越来越强调条件了。

我以前看这本书时比较在意的是，弗洛姆提出的母亲与父亲概念，是否与他是个男性有关。当然，弗洛姆自己解释说，他提到的母亲和父亲其实是在"论述以母亲和父亲的形式表现出来的母性原则与父性原则"。但他分析亲子之爱时没有提到孩子的性别，这让我觉得有些别扭。因为我自己是女性，与母亲的性别相同，而这恐怕是决定我们母女关系的重要事实之一。

我在上一封信里提到，糟蹋自己的性满足了我年轻时的自尊心。而您补充道，这是"母亲禁止并厌恶到极点"的事。我一边看您的回信，一边琢磨这一点。也许对我而言，母爱"本该是无条件的，但我怀疑它是不是真正发自内心的无条件"，所以我会把母亲作为女性引以为傲并长期坚持的东西扔进阴沟，变成她最厌恶、绝对不想成为的模样，一心想看看她的爱有没有"最低限度的条件"。

弗洛姆写道，无条件的母爱也有消极的一面，因为"这种爱不需要什么资格就可以得到，而且想创造也无法创造，想控制也无从控制"。我把廉价的性当作商品，似乎也是为了解决心头的烦闷。也许我是想尝试得到或控制这份爱，以便探索它是否真的无法得到或控制，又以幼稚拙劣的手段尝试"失去它"，以便试探我能否真的失去它。

毫无疑问，性市场与夜世界建立在有条件的爱上。它比无条件的爱更可控，让人误以为可以根据自身的不足或不满，掌控想要得到的认可。通过改变尊严的摆放位置，我们可以暂时感受到自己的价值。

在日常生活中，已经很少有人会直接发表歧视风俗女郎的言论。与美国相比，对性工作者的暴力（包括来自警察的性暴力）或无视其人权的情况在东京也很少出现，相反，她们受到的侮辱和歧视往往来自将尊严摆在不同位置的女性同行。与社会割裂的她们没有在内部生出团结，反而产生了更激烈的分裂和歧视情绪。做外卖茶的看不起泡泡浴女郎和飞田❶的女性，因为后者让男人干到最后；泡泡浴女郎看不起被包养的姑娘，觉得她们缺乏专业意识；夜总会陪酒女郎则看不起提供性服务的风俗女郎——这些景象在她们工作时间重叠的牛郎俱乐部里经常可以看到。

我进入夜世界的时候，多少有些追求自由的心态。置身于一开始就偏离了社会道德与规范的行业，卖不该卖的东西，扔不该扔的东西……对年轻的我来说，这种感觉似乎是奢侈而自由的。然而，在那里待了一段时间之后，我察觉到这种自由十分受限，而且附带条件，兴趣便渐渐减弱了。大家明明遭遇类似，肯定也很想倾诉，却因为自尊摆放位置的微小差异而互相看不起，这幅景象让我认识到在这里获得的全能感和认可是多么脆弱。

通过"不白白让男人干"而获取尊严的"干女儿"和艺妓的自尊心也不例外。当年，在政府审议《卖春防止法》时，沟口健二的电影《赤线地带》将镜头对准吉原，讲述了一个妓女渴望成为家庭主妇的故事。这名妓女好不容易赎了身，嫁了人，却被任意驱使，还没有任何报酬。最终，她厌倦了这种毫无自由的生活，回到了自由自在的红灯区。我认为在从事性产业的女性中，对家庭主妇的蔑视至今根深蒂固。

---

❶ 指飞田新地，大阪红灯区，可进行插入行为。

看了您的信，我才知道加纳也有"干爹"这个词。许多美国和中国台湾的朋友跟我分析日本的情况时也会用这个词。在他们的认知里，这个词指的似乎是日本年轻女性散漫的卖娼行为，也就是所谓的"爸爸活"或援助交际。一位家住洛杉矶的台湾熟人告诉我："我交过一个日本女朋友，可后来发现她有干爹，拿钱跟人上床，好像也没有要洗手不干的意思，于是我就和她分手了。我知道对日本的女生来说，找干爹很常见，非常随意，可我还是理解不了。"

在我看来，曾经的援助交际和现在的爸爸活之所以能毫不费力地被大众接受，是因为在交易性行为（性行为＋经济行为）中，男女之间的不对称性可以被简单地糊弄过去。您指出女性卖娼的社会前提是权力和经济资源向男性倾斜，这我也是认同的，但我感觉在性交易现场中受威胁的不单单是女性的自尊心，男性的自尊心也危在旦夕。无论是"拿了钱所以必须被当成玩物"的女人，还是"付了钱才能被对方睬"的男人，都只得到了附带严苛条件的爱。通过爸爸活与援助交际，男人可以活在这样的假象中：我不是付钱给职业小姐让人家陪，而是在跟普通女性交往，我的经济实力可以帮帮她。女性也可以产生这样的错觉：我不是妓女，只是和我发生性关系的人碰巧很有钱，也欣赏我的魅力。

在双方自说自话的语境下，买什么、卖什么都能根据自己的需求随意改写。我也享受过这样的游戏，仿佛那是什么不被允许的消遣。因为比起在学习、工作或运动等方面胜过那些男人，鄙视他们必须花钱才能得到我的爱，更容易满足我的认可欲求。话说父亲的新译本让我想起了一件事。他在多年前翻译过琼·史密斯的《厌女症》，日语书名叫《男人都讨厌女人》。当时我只有八岁，不会念"讨厌"这个词，念成了"男人都想讨个女人"，惹得大家哑然失笑。

您在信中指出，商品属性的性位于灰色地带。现在的我最认同的莫过于这一点。我始终与主张"性工作也是正当（或普通）劳动"的性工作者组织保持着一定距离，也是性工作那可疑的"灰色属性"所致。

因为AV女演员也是所谓性工作的一种，我又是当过AV女演员的写作者，所以身边有很多人为卖娼合法化、反对歧视风俗女郎摇旗呐喊，其中不乏与我走得很近的人。我有时也会发表一些观点，但对她们断言"性工作也是正当劳动和普通工作"这点一直都感到非常别扭。当然，我对自己待过的行业还是有一定的感情，也不认为应该废除。话虽如此，我对"普通工作"这个说法始终亲近不起来，而每当人们抨击歧视性言论时，这个词都会冒出来。为了用自己的语言解决这种不适，我苦苦挣扎了许久。

这是因为我确信，我之所以能够在那里满足浅薄但又特殊的自尊心，之所以一度沉迷，之所以自以为找到了容身之地，就是因为那种行为极其特殊。而且我有一种预感，这种特殊性带来的愉悦与兴奋就像毒品一样极其危险。但事到如今，我并不想用"有害灵魂"这一句话糊弄过去，而且经验也告诉我，它的吸引力是不可替代的。母亲临死前用"你周围可怕的东西""让你受伤的东西"这样的表述模糊地暗示了其中的危险性。从那时起,我便认为自己写作的主要任务之一,就是回答"为什么不能卖身"。"谁规定的不能卖身?"——我抱着这样的劲头勇闯夜世界,但有时也会想,搞不好我是真的想知道不能卖身的理由。

您在信中提到,尽管我"完全不必出卖性价值,也可以利用其他资源满足认可欲求",却还是进入了风俗与援交的世界。我已经在上一封信里讲述了这种扭曲的优越感是如何形成的。但说到底,我自己也很疑惑:为什么一直以来我都无法宣称"我根本不需要男人的认可"呢?我家书房里有各种各样的书,其中也包括您的著作。在拍完 AV、去夜总会上班的第二天,我便能在条件优越的大学与大学院做研究。为什么在这种情况下,我还是无法舍弃"可以贱卖性的自己""能用性换来金钱的自己"呢?我明明很清楚,给性开出的价码远无法实现自我满足。

"难道女性直到今天还无法靠自己的力量获得认可吗?"您的失望深深扎在了我的心坎上,因为我明明处在非常易于获得认可的环境,却久久没能离开男人以最简单的方式给予认可的地方。我认为我们这一代人所处的环境太过优越,仅靠男人的认可无法得到满足;但我们自我意识又太过贫瘠,没了男人的认可就无法满足。按照评论家斋藤美奈子的说法,也许我们这代人面临的选择是"当社长还是当社长夫人",而且两个选项的权重完全一样,感觉两边好像都有戏,两种人都想当,于是在夹缝中踌躇犹豫,迟迟无法做出明确的抉择。我最近出版的书里也提到,有些女性至今还盼着男方提出"请和我交往",否则就坐立不安,但在工作中又步步高升,不把男人放在眼里。她们身披浪漫爱意识形态的余香,带着男权的伤痕,捧着老一辈交到她们手中的尊严,还有自己决定自身价值的自由,但她们一样都不舍得抛弃,只得东奔西跑,手足无措。

您在东京大学入学典礼的贺词中提到,东大的女生倾向于隐瞒自己就读的学校。比起"努力学习考进了心仪的学府",隐瞒校名后获得的"可爱又没有威胁"的评价更能拔高自己。我很理解她们的心境。我有个朋友就是东大毕业的,但她对外坚称母校是东京女子大学。美剧里也常有这样的情节:女性角色在相亲派对上说,"如果我老实交代自己是律所合伙人,就没人愿意跟我约会。但只要改口说自己是空姐,就立刻有人约了"。

然而实际情况是,如果男人的认可就能让你满足,你大可去念大专,毕业出来当空姐,当年《JJ》杂志的主要读者群体就是如此。而那些女性精明地进了东大,上了哈佛法学院,当了律师,还会在不同的场合换上不同的面孔。我感觉她们仍然需要过时的认可,同时又在进化得更加灵活与顽强。对我来说,"一边读庆应大学和东京大学大学院,一边当 AV 女演员",这句话在字面上即刻传达出的"受尊重与怜爱"的意思就十分重要。

两个都想要、两个都舍不得,也许是过渡期奢侈而无益的烦恼。套用弗洛姆对爱的定义,除非放弃对"被爱"的执着,积累"爱"的经验,否则当上东大毕业的律师也没用,因为只要得不到男人的认可,就仍然觉得不圆满。事实上,我在《非·灭绝男女图鉴》中引用的言论基本出自年薪近八位数的女性,她们的母校至少是早稻田、庆应这个级别。

在同一篇贺词中,您还谈到了近年的医学院招生考试问题❶。仅就我的朋友圈而言,大家对这则丑闻的反应是比较微妙的。我所说的"微妙",并不是说她们容忍这个事实。

我的母校明治学院高中是一所中等水平的学校。招生考试是统一进行,但招的男生和女生偏差值❷差了将近十个点。母校原本是男校,但受"教会学校"形象的影响,报考的女生比较多,要是光看分数,从上往下挑,招进来的便都是女生,所以会采取这样的措施平衡性别比。而且校方也对外公布了这项政策。不过这与医学院的问题有着本质的不同,我们毕竟没有经历过"女性的选项极其少"的时代,只觉得这是"针对愚蠢男生的救济措施",而本校的学生称之为"为男生服务的平权行动"。刚听说医学院招生问题的新闻时,我和老同学都隐约想起了母校的招生政策,所以反应比较微妙。

希望医科大学与医院给女生平等的机会、高高在上地容许偏向弱智男生的平权行动,这两种心态同时存在于我们身上,

---

❶ 东京医科大学招生时调低女性考生的成绩,控制录取考生中的女性占比,理由是"女性多因结婚、生育而离职,导致学校和附属医院医生不足"。
❷ 日本考生衡量分数排名的数值,偏差值越高,说明排名越靠前。

并无矛盾。这就好像"让我决定自己的价值"和"但我不允许你说我作为女人没有价值"这两种心态在互相侵蚀又彼此共存一样。我还是很软弱，无法明确宣布"我不需要男人的认可"，但看到新闻的时候，我下意识想起的并非作为强者的男人，而是作为弱者的男人。这也确实在不知不觉中让我有了一定的自尊。

别说年过五旬的 80 年代女学生，跟我同龄的精英女性也对《爱的迫降》十分着迷。从结构上看，那是一个不折不扣的浪漫爱情故事。女主角是韩国女社长，在迫降朝鲜的特殊情况下，得到了英雄的保护，顺理成章地当了一把"公主"。但她在韩国很有权势，教了男主角很多东西，男主角也全力支持她的事业，一点也不眼红。这么完美的男人只存在于幻想之中，不过，现在没有特殊设定就很难发展出正统的浪漫爱情故事，这也体现了时代的变化。也许迪士尼从公主路线改走女英雄路线也是出于类似的原因。

即使一个人享有各种能力和资源，只要执着于"被爱"、不愿放弃男人的认可，就无法从容地选择"爱"一个人，而是尴尬地想方设法隐瞒好不容易考进的东京大学的校名。尽管终点是那样遥远，但走向它的脚步正变得愈发统一，这令我颇受鼓舞。

2020 年 10 月 12 日
铃木凉美

> 被"独立女性"这一观念困住的我也许与你半斤八两。

铃木凉美女士：

在与你通信的这半年里，疫情造成的隐居生活加深了我的内省。天知道这种"自肃生活"❶会持续多久。天知道在那之后，我的人生还剩下多少。我这辈子会不会就这样结束呢……

在看到和听到餐饮店、旅游胜地和活动会场因为 Go To Campaign❷ 而人头攒动时，我不由得纳闷：大家就这么想出去走走、跟别人见面、热闹热闹、释放活力吗……作为一个本就不爱凑热闹的人，我更喜欢新冠疏散生活的静谧和鲜有变化的日常，如果这就是"晚年"，我甚至觉得就这样走完一生也不错。说起来，近代之前的人也只知道自己所在的狭小世界，他们看着父母的背影长大，照着父母的方式生活，年复一年地重复同样的事情，直到人生的终结。仅有的慰藉，便是四季的流转变化。

---

❶ 为了防控疫情，日本政府呼吁民众"自肃"（自我克制、自我管理），一般指主动减少外出次数。
❷ 日本政府为重振旅游产业而推出的大规模财政补贴活动。

刚来山间躲避疫情时，望出去还是一片早春风光。眼看着树木披上新绿，又变成夏日的浓绿，如今树叶又渐渐被秋色染红。等冬天到来，我的新冠生活便凑齐了一年四季。真没想到疫情会持续这么久，此刻我甚至不确定，当春天再次来临时，它能否告一段落。好在令人欣慰的是，无论世事如何变迁，四季的流转都不会停歇……

话虽如此，对那些正要成长、前进和发展的年轻人来说，这种闭塞肯定会带来莫大的痛苦。你的人生才刚刚走过三分之一。而我走完了三分之二还不止，大概有五分之四吧。我的人生是从后往前数更快一些，而等待着你的未来却比过去长久得多。疫情下的一年在我生命中占的分量，自然与你有所不同。

你在信中提到了有条件的爱。弗洛姆所谓的"无条件的母爱"当然只是一种理念，现实生活中的母亲是形形色色的。你说你小时候便觉察到，作为一名儿童文学专家，你的母亲一直在观察你这个独生女，就好像你是她的实验对象似的。据说许多发展心理学家也会以这种方式观察自己的孩子。也不知道他们如何区分"作为科学家的观察"和"作为父母的爱"，但我很好奇父母在心里琢磨"啊哈～这就是心理学中的镜像阶段啊"的时候，被观察的孩子会做何感想。千万不能小看孩子。因为他们对父母的情绪是非常敏感的。

探讨有条件的爱时，你强调了"孩子的性别"，这一点确实很重要。父亲和儿子、父亲和女儿、母亲和儿子、母亲和女儿之间的关系都是不同的。最近学界也有人指出,照护者与被照护者的亲属关系决定了照护质量,"亲子"这个模糊的术语终于走下了历史舞台。婆媳与母女之间的照护关系当然有很大的不同,被照护者是父亲还是母亲、照护者是儿子还是女儿,也会对照护效果产生巨大的影响。直到最近,人们才开始关注照护关系的组合及性别差异,其实亲子关系中也存在性别差异。自古以来,父子关系一直带有神话色彩,母子和母女关系则大不相同。

女性学自成立之初便开始关注母女关系。在以弗洛伊德为首的心理学理论中,"自我"是男性自我的代名词,这些心理学家一直在关注男孩如何成为男人,但对女孩漠不关心,所以母女关系在心理学层面基本无人讨论。正因如此,女性学才有必要研究母女关系。直到最近,母女关系问题才得到世人的关注,女儿说她们无法爱自己的母亲,母亲也开始说她们无法爱自己的女儿。那母子关系呢?"儿子比女儿可爱多了"——我认识好几位母亲敢淡定地说出这句话,丝毫不觉得难为情。最近,一位叫太田启子的律师写了一本有趣的书,题为《致未来的男孩》。她自己是两个儿子的妈妈。她在书中提到,妈妈圈子里经常有人说"男孩子都是爱撒野的小傻瓜,可就是可爱呀",这让她觉得很别扭。在大约同一时期出版的《"母与子"的日本论》一书中,作者品田知美认为,母亲这种行为背后是一种阴谋,也许是想让男孩一直停留在"小傻瓜"的阶段,不让儿子独立自主,脱离自己的控制。我倒是很想采访一下被这样养大的儿子对母亲的看法,但成年男性满口都是母性赞歌,很少谈及其他。照理说,母子关系中肯定有更多的爱恨矛盾。也许是母性对儿子的压抑实在太强,使得他们没有办法表达出来。

长久以来,女儿反叛父母的最简单方法就是"性越轨",因为这是父母双方都最为厌恶的事情。你为了考验"有条件的母爱",为了看看做到哪一步会突破底线,"以幼稚拙劣的手段尝试'失去它',以便试探能否真的失去它",这其实并不罕见。可如果你是儿子……又会是怎样一番景象呢?也许你就无法背叛母亲了。

当年的我也想脱离父母的引力圈,但主要是想摆脱我的父亲,而不是母亲。因为母亲太过无力,不足以成为"毒母"。她的无力甚至让我产生了恨意。父亲下达了"禁令",于是我把他看不顺眼的事情都做了一遍,其中也包括性越轨。为什么如此无聊的事情竟会如此妙不可言?其实我很清楚,关键就在于"父亲的禁止"。

《所以你也要活下去》的作者大平光代对"有条件的爱"进行了异常激烈的反抗。她在背上文满文身,成了黑帮成员的妻子,后来又重归正道,通过司法考试成为一名律师,甚至成了大阪市有史以来第一位女性副市长。她上初中时遭受过严重的校园霸凌,自杀未遂后又被同学指着鼻子骂"没死成的孬种",于是拒绝上学。这样的她最后被母亲的一番话彻底推入谷底。

妈妈都不敢上街了……求你了,好歹去上学吧,妈妈难为情死了。

就是这句话让女儿走上了弯路。这也难怪。女儿拼命拒绝上学，但"妈妈更关心的是面子，而不是亲骨肉"。

强大的女儿会表现出大幅而激烈的越轨。大平光代不断挑战极限，借此"逼问"母亲：你已经抛弃过我一次，我要做到什么地步，你才会真正抛弃我？经过这场让自己和身边的人都遍体鳞伤的磨难后，她成了一名帮助少年犯重返社会的律师，而且似乎也与母亲和解了。而我最终还是错失了机会，你也早早失去了母亲，同样没有机会和解。要想达成亲子之间的和解，关键是双方都得长命百岁。

话说回来。最近我注意到，写"我"开头的句子时，用过去式结尾的情况是越来越多了。人生已经不能从头来过，空余遗憾和反省。在我与评论家樋口惠子合著的《人生止步时》一书中，我问她"想不想在死前跟某人和解或者道歉"。樋口姐姐的回答令我大吃一惊，她说她根本不想跟人道歉，甚至"想化作厉鬼吓唬某几个人"。我却做过太多需要反省的事，想向我伤害过的人道一声不是。曾经的我是那样无知，那样不成熟，那样傲慢。我一点都不想回到年轻的时候。没有比那更痛苦的日子了。

儿童画家岩崎千弘在年过五旬之后写下了这样一段动人的话。

回想起来，年轻时的岁月可悲而浅薄……我付出了二十多年脚踏实地的努力，才敢说"自己好歹比当年强了些"。我屡战屡败，流尽冷汗，好不容易才稍微懂了点事。事到如今，我又岂能回到过去？

"岂能回到过去"的我在与你交流时不由得想起了自己在你那个年纪发生的一切。这让我感到刺痛，仿佛撬开了不愿回忆的过去、堆积已久的课题与封存多年的问题，开始反思身处其中时看不到的种种。

　　你在信中反复问我——"为何能对男人不感到绝望呢？"年轻时，我爱过他们，也被他们爱过，我伤害过他们，也被他们伤害过。毕竟我当年置身于身边都是男人的环境，而当时的男人比现在的年轻人更野蛮、更不客气，所以我根本不愁找不到人。甚至有个嘴臭的男人说过这样一句话："京都大学的女人可真好啊，什么样的丑八怪都有男人追着跑。"（笑）

　　有些男人很天真，有些男人很狡猾。恋爱不需要尊重也可以谈。我很无知，他们也一样。知道自己是一个浑身缺陷的女人、没什么了不起，也就没有资格要求对方完美无缺。但浑身缺陷的年轻男女一旦试图认真开展围绕自我的斗争，就有可能受到伤害，或伤到对方。我从不认为女性在爱情游戏中是弱者，因为我知道她们也完全有可能成为加害者。

　　但性要另当别论。

　　和今天相比，性在当时是更大的禁忌。毕竟在那个年代，"初夜"这样的词语仍然存在。父母教导女儿婚前要保持处子之身，一旦发生婚前性行为，就会被打上"残次品"的标签（也正是那样的年代才会激发格外激烈的性革命）。

你给自己制定了一项使命："写作的主要任务之一，就是回答'为什么不能卖身'。"请一定给出只有当事人才能说出的答案。我由衷期待着。

你接着写道，"'谁规定的不能卖身？'——我抱着这样的劲头勇闯夜世界。"其中的"劲头"一词让我心里一紧。你用"劲头"来形容自己的行为动机，可能很少有人可以准确理解这一点。

在明治以来的文学作品中，"肉欲"（好可怕的词啊）对男人来说是"精神被身体打败的地方"，但对女性来说也许更像是"身体屈服于精神的地方"。仔细想想，从闭上眼睛短暂出借身体的援交少女，到出于义理、人情、忠诚和孝道决定沉沦苦海的妓女，也许女性一直以来都在牺牲自己的身体，无视它的呐喊，让身体屈从于精神。

在通信的过程中，我再次扪心自问：在那一场场"把肉体和精神扔进阴沟"的性事中，我到底做了些什么？是为了性认可吗？不是。因为周围早有许多人将我看作有性属性的人，简直多到烦。是因为性欲吗？也不是。我感觉更多是为了让身体屈服于精神（我称之为观念）。

森瑶子女士是一位大器晚成的作家，她的出道作就叫《情事》。其中有一句话令人难忘："我想做爱做到呕吐为止。"据说这句话引起了许多女性读者的共鸣，壮大了作者的书迷队伍。

至于森女士有没有将这一想法付诸实践，我就不细说了，但看到这句话的时候，我清楚地意识到自己丝毫没有克制过这份欲望，想当年找个男人容易得很，只要说一句"我想做"就行了。

在90年代初的电视剧《东京爱情故事》中，铃木保奈美饰演的女主角赤名莉香主动对男友完治说"我们做吧"，引发舆论热议。可这能有多难呢？对于今天那些绝不主动提出交往、非要让男方表白的女生而言，也许是有些难。

80年代在英语国家进行的性生活调查中，有一道题问"谁发起的"，回答"男方"的占了绝大多数，占比从高到低依次是登记结婚的夫妇、同居的异性恋情侣和同性恋情侣。我看到这个结果的第一反应是"不出所料"。可能男女双方都认定，性爱应该由男人主动发起，女人就该被动等待。顺便说一下，问卷里还有一道题问的是"谁能说不"。结果显示，"无法说不"的女性占了绝大多数，占比高低顺序一样。这体现出了登记婚姻中女方的性不自由。那现状呢？女人主动提，就会被扣上"放荡"的帽子，甚至有男人说"女人主动提就没兴致"。常有女性天真无邪地问我："男朋友要怎么找呀？"我会回答："主动约就行了。"可听到这话，她们便会惊呼："欸~这我哪敢呀~"

为什么不敢？因为女性不习惯被拒绝。男性也会在遭到拒绝时受伤，但他们可以积累经验，训练自己避免或减少伤害。被拒绝并不意味着你的存在被全盘否定，说一句"哦，这样啊"就行了。

我见过的最得体的拒绝是这样的：

"我今天没那个心情。""哦,这样啊。那下次再说。"……只是我跟他并没有"下次"了。

我不需要从男人那里得到什么,也不需要和他们耍心机,所以我很容易向他们发出邀约,被拒绝也满不在乎。但邀约或被邀约的男人和我活在截然不同的剧本里……现在想来,我跟他们就是字面意义上的"同床异梦"。也许"干女儿"和"干爹"之间、援交少女和购买她们的男人之间也有同样的鸿沟。

我从不向对方索要什么,也没有任何期许,甚至不会约下一次见面的时间。在他们眼里,我就是一个不费钱、不拖泥带水的情人,也就是现代人口中的"床伴"。有时是我的手头更宽裕,所以我负责伙食等方面的支出也是常有的事。包吃包喝还包睡……有时我也纳闷自己到底在做什么。其中还不乏已婚人士,这让我觉得很讽刺,心想如今的男人只要找准一个独立女性,不费一点成本就能拥有情妇了。要知道以前找情妇可是男人有本事的体现。不要求男人娶,也不要求男人跟妻子离婚,不吵不闹,哪怕男人渐渐疏远,也只会轻描淡写地说一句"哦,这样啊",然后干干净净地离开……这样的女人不就是对父权制的补充吗?

没错,"独立女性"。也许那就是我的"咒语"。

我从那种关系中得到了什么?这种独立具有"性独立"的内涵。也许我是想用自己的身体证明性和爱不是一回事,性并不从属于爱,女性可以出于性欲发生性行为,也可以主动……写出来一看,不难发现这就是后现代关于性观念的命题群,<u>丝</u>

毫不逊色于秉持"爱与性合一"的浪漫爱意识形态。让身体服从于观念……如果是这种快感令我沉醉，那我与你做的事情就没有太大差别，只是方向不同罢了。我寻求的是"性"关系，而不是爱或认可，所以男人在床上低语的"我爱你"都令我厌恶。我心想，我的性欲是纯洁的，不容玷污。

我敬爱的作家富冈多惠子在《刍狗》中塑造了一个专门猎捕少男的中年女性。她笔下的这名女主角如此说道："我很好奇，仅仅是陌生人肉体的一部分具体地进入我的身体，算不算是肉体关系。"这种"好奇心"面向的是"没有关系"的广漠世界。身体部位的连接并不产生任何形式的"关系"。富冈老师那一代的女性比我更年长一点，她们还生活在一个只要插入生殖器就会被视为"越界"的时代。她们不得不进行这样的性实验（恐怕是用自己的身体）……我对这一点感同身受。

通过这段经历，我知道女人也可以把男人当作工具，也可以利用他们，消费他们。所以我很理解你为什么会觉得在交易性行为中，"受威胁的不单单是女性的自尊心，男性的自尊心也危在旦夕"。"将身心扔进阴沟的性事"不仅是对自己的侮辱，也是对对方的侮辱。

在我看来，使身体屈从于观念的终极案例，就是平冢雷鸟❶的盐原殉情事件。夏目漱石的徒弟森田草平与雷鸟同游白雪皑皑的盐原，最后殉情未遂，成为一大丑闻。受其影响，日

---

❶ 平冢雷鸟（1886—1971），二战前后妇女解放运动的领袖，《青鞜》杂志的创始人之一。

本女子大学从校友名册中抹去了雷鸟的名字（尽管后来又恢复了）。据说漱石后来以雷鸟为原型，塑造了《三四郎》中的美祢子，但他根据森田提供的片面信息，把美祢子写成了一个傲慢浅薄的美女，这对雷鸟来说实在不算公平。

事实上，盐原殉情事件连"殉情"都算不上。二十二岁的平冢雷鸟（平冢明）在前往盐原之前留下了"遗书"。其中如此写道：

> 我贯彻毕生的体系，因自身原因而死，非因他人所犯。

女人留下这样的遗书，教男人情何以堪。这段文字中没有一丝对男人的情爱。据说他们之间甚至没有性关系。因为根据雷鸟的自传，她是在盐原事件之后才"失去童贞"，对方是她主动邀来的禅宗僧人。

平冢雷鸟可能是日本近代女性主义者中最理念化（即脱离实际）、最形而上学的女性。她只对自己的开悟与天才感兴趣。《青鞜》原本是旨在帮助女性"展现内在才华"的文学杂志，因为它受到"大叔媒体"的揶揄与强烈抨击，雷鸟才摇身一变，成了"女权斗士"，可见"垃圾评论"有时也能发挥意想不到的作用。

草平大概是想调戏一下雷鸟这位有智慧、有教养、有自尊的女人，看看她会有什么反应。但雷鸟也想试探到底，心想："我会服从自己的意志，可你有多大的思想觉悟呢？"没有几个男人经受得住这样的考验。草平终究配不上雷鸟。在我看来，器量小的男人夹着尾巴逃跑了，就是这起殉情未遂事件的始末。（顺便说一下，《死之棘》的岛尾敏雄是极少数的例外，面对女人赌上全身心施加的考验，他坚持到最后都没有逃避。）

如果这场"殉情"没有以未遂告终……那便是两个一同死去的男女因截然不同的理由死去（名副其实的"同床异梦"）。如果没有遗书，后人永远不会知道两个人的剧本存在根本差异。不，即使留下了遗书，那些缺乏阅读理解能力的人大概也只会一头雾水。

长久以来，人们认为殉情通常是男人带着女人踏上通往另一个世界的旅程。但富冈老师对《心中天网岛》❶做出了不同的诠释，她认为女人自己也有去死的理由，是女人把男人拖去了死地。殉情丝毫不意味着爱的圆满。男人和女人因不同的理由赴死，在不同的剧本中同床共枕。

"性自主"被翻译成 sexual autonomy。在后艾滋时代，法国和英国进行过几次大规模的流行病学调查。法国在 1990 年代和 2000 年代之间开展了三次调查，有助于我们把握不同时期的变化。调查组成员之一米歇尔·博宗曾跟我提起衡量法国女性"性自主"程度的指标——性观念越是自由、进步，性伴侣就越多。这个标准实在太直白，教我忍俊不禁。从这个角度看，基于自我决定使用自己身体的性工作者也是某种意义上的"独

---

❶ 日本木偶戏的经典剧作，描写相爱的两个人因义理的束缚而无法结合，最终殉情。

立女性"。这也成了她们尊严的源泉。

"性是性，爱是爱，两者可能一致，也可能不一致"——在性革命之后，这个理所当然的观点终于变得理所当然。这个结果是我们想要的，但我们的灰心和沮丧感没有得到丝毫减轻。

爱仍然困难重重，而性的门槛虽然大大降低，但我不认为它的质量有任何提高。试图打破性爱一致的一代人和认为性与爱显然是两码事的一代人，开展的实践当然不一样。你们这一代面临的挑战又是什么呢？

随着年龄的增长，我感觉身体越来越不听使唤，也渐渐觉得"让身体服从观念"不外乎是对身体的虐待。使身体屈从于某种观念的极致就是自杀，自杀就是对自己身体的极致虐待。特攻队士兵的死，显然也是对身体的虐待。对顶级运动员的赞叹固然是惊叹和佩服他们能将身体完全置于自身意志的控制之下，但运动员肯定也很清楚这种控制的局限性。

开始跟残障人士来往后，我才意识到身体是无法任由我们摆布的，身体是我们的第一个他者。他们已经和不听使唤的身体打了许多年的交道。他人本就是不能摆布的，但在那之前，他们还不得不与"自己的身体"这一不听使唤的他者相处。"变老"就意味着每一个人都会突然成为残障者。而且随着年龄的增长，我逐渐感觉到精神和身体都是易碎品。不小心轻放，身心都会破碎。易碎品就得享受易碎品的待遇。而当年的我是多么傲慢，以为无论怎样胡来，我和对方都不会碎。

人们常说我很坚强，说我抗击打能力强。才不是呢。谁愿意主动变成一个"抗击打"的人啊？挨打了就会痛，就会受伤。一旦伤痛过度，就会碎裂坏掉。

把易碎品当作易碎品对待。

这一点对自己和他人都万分重要，而我花了那么长时间才搞明白，真是愚蠢至极。

2020 年 10 月 18 日

上野千鹤子

工作

> 往自己的人生掺入多少"女人"的成分，大概是女学生的切实烦恼。

上野千鹤子女士：

您的来信似乎包裹着体温尚存的伤痛，看得我也感受到了刺痛。"把易碎品当作易碎品对待"，这句话是多么有力，但主动承认自己易碎又是多么困难。

这些年我一直在虚张声势，伪装自己，其中最大的伪装大概就是说"我不会受伤"或"我没有受伤"。第一次聊到"恐弱"的时候，我也说过我宁可忽略自己的伤口，当它不存在，也不愿意被视作受害者与弱者。在身体和精神的关系上，我也一直在自欺欺人。只善于忽视伤痛，也许可以陶醉于自己的强大，但要是不在应该面对的时候面对，到头来还是有可能失控。

《五体不满足》的作者乙武洋匡创作了小说《车轮上》，里面有"已经跨过去的人"这么一个短语。主人公得知性格开朗的酒馆妈妈桑（LGBTQ人士）自杀时，说了这么一番话："我还以为圣子姐是'已经跨过去的人'。她肯定也有挣扎和痛苦的时候,但我以为她早就克服了这一切,会坚强地活下去……"我觉得这番话清晰刻画了旁人对顽强生存的性少数群体与女性的看法,给我留下了深刻印象。实际情况是,他们也许能在每天的生活中克服小小的障碍,却从未翻越高耸的山头。

有一阵子人们常问我:"你后悔拍AV吗?"这就跟诱供似的,我知道正确答案是什么,对方肯定希望我回答:"后悔也是有的,但没有那段经历,就不会有今天的我。"世人试图把我们分成两类:要么是受害者,被迫拍片,受尽苦难;要么是积极向前的强大女性,经历过旁人看来十分消极负面的过去,但仍顽强地跨了过去,或以之为精神食粮。但我感觉许多女性是在这两者之间来回游走,选哪边全看当天的心情。至少我是这样。

如果我贬低自己的伤痛,坚持认为自己周旋得很好,那么对社会而言,我永远只是招之即来挥之即去的便利玩意。可我又不愿意高估伤痛,被迫假装自己受伤。所以我切身感觉很难确切把握自己的伤势,也很难准确地将伤痛表达出来。有时我也会信笔写出来,自以为好歹面对了,但过一天再看,又觉得夸大了伤痛的程度,翻来覆去,次次如此。"独立女性"之所以意外地成为好打发的情人,"已经跨过去的人"之所以没有机会承认自己的伤痛,让身体服从精神的援交少女之所以强化了大叔的幻想,自我决定的AV女演员之所以不能站在受害者的立场上,或许都是因为陷入了自己对自己下的诅咒,进退维谷。

我这代人普遍认为性与爱显然是两码事,对我们来说,面临的挑战大概是如何面对孤独，而人们认为性爱一致时无须直面这种孤独。并不是说一个人只要双手奉上自己的性，就能得到爱的承诺，也不是说只要置身于爱，就不会为性迷失。女人在性这方面也可以积极主动，把性和爱完全分开，但是，在性从属于爱时女人用性换来的安全感与满足感，是现在的她们未必能够得到的。我不认为我们已经成熟到可以避免由此产生的不满或不安。我有时会想，也许就是因为我们不知道自己能否填满原本由浪漫爱情填满的地方，也不知道如何填满或有没有必要填满，所以一直无法摆脱不满足的感觉，无法彻底放弃相当老土的浪漫爱情，对婚姻制度抱有过高期望，或是在工作和社交平台上寻求认可。

在我离开报社开始自由撰稿后不久，接连有好几个朋友来咨询，说有兴趣做撰稿人或找家出版公司当助理。她们婚后就没再工作，现在孩子都上小学了。大概是因为写作不需要任何执照或资金，乍看也不需要任何特殊技能，想要回归社会的人最容易想到的就是这个工作吧。不过在我看来，造成这种现象的另一项因素是人们的表达欲普遍膨胀了。有些女性本就习惯在博客、推特上写作，现在还有用 note❶ 的，所以她们想更进一步，将写作变成正式职业。特别是经济状况比较稳定的家庭主妇，即使当不了撰稿人，很多人也很愿意尝试能够署名的工作。

我觉得自己能从事笔头工作是非常幸运的。在或正视或回

---

❶ 日本一个可以发布图文、音频、视频的免费博客平台。

避自我之后一边思考种种问题，一边生存下去，不写作的女性肯定也会经历同样的挣扎，但如果自己写的东西留在了书本或杂志上，回顾起来就方便多了，很容易看清自身认识的变迁与心情的波动，进而意识到自己根本不是"已经跨过去的人"，也没能牢牢掌控事态。也许，无论写什么，我们至少可以把写作当成一项工作，借此养成自我怀疑的习惯，还会发现什么话招人嫌、什么话讨谁喜欢常常伴随着偶然性。从这个意义上讲，我可以理解她们为什么想在时间比较宽裕的时候尝试写作。而且我也觉得，比起在博客上用诗意的语句自言自语，以工作的形式写甲方给的主题（比如影评或关于汽车的文章）有时反而更能显露自己的心思。

但就个人而言，从 2019 年前后开始，我认为自己应该多关注一下我本人或我写的东西是如何被消费的。毕竟我现在既不是研究员，又不是报社记者那种受雇于人的撰稿人。靠笔头吃饭的人总认为自己想说的话都写在文章里了，于是彻底放心，不会像 AV 女演员和模特那样在意自己被用在了什么地方。近来我一直提醒自己，要多注意写出来的东西有没有被断章取义，被随意用在违背本意的地方。

无论是卖娼、卖原味还是陪酒，我都不认为只有当事人才有资格发声，但我会认为，能以当事人的身份发声是一种巨大的特权，至少在面向部分读者时是这样。即使我说得比较深入，大家也很容易被说服，因为他们下意识地认为"当事人都这么说了准没错"（当然，这有利也有弊）。如今，无论是这类禁忌工作的从业者还是LGBTQ，群体内部的发声者都有所增加，但数量仍然有限，而且不一定能保证当事人身份的多元化，他们说的话也时常被用于支持违背自己初衷的讨论，说不定还会被贴上叛徒的标签。

还记得大约三年前，谐星组合"隧道二人组"的小品"保毛尾田保毛男"❶被骂上了热搜。这个三十多年前的小品将男同性恋者塑造成恶心滑稽的形象，以此博取观众的笑声，而今在一个特殊节目上再次登场。当年公众的认识相当浅薄，现在电视台却特意复活了这种歧视性的表达方式，如此恶趣味的做法引发了舆论热议。当时，变装皇后Mitz Mangrove❷在周刊连载中质疑了抗议中的陈词滥调："'说ホモ和オカマ不行，说ゲイ和オネエ就可以。'❸这是谁规定的？什么时候规定的？""是时候意识到仅仅'掩盖歧视'是毫无意义的了。"看到当事人发声为节目辩护，人们仿佛也放心不少，越来越多人发表了赞同的意见。

Mitz Mangrove的文章本身并没有大力为那段小品辩护，而是从亲身经历出发写出了抗议内容中令人感到不适的地方。还记得之前碰巧遇到他的时候，他说："到头来，大家看到当事

---

❶ "保毛"（homo）在日语中与"基佬"同音。小品主角保毛尾田形象怪异，下半张脸涂成蓝色，脸颊涂成粉红色。

❷ 日本艺人，生于1975年，五岁时便意识到自己的同性性取向，喜爱穿女装、化浓烈的妆容。

❸ 日语指代男同性恋者的词汇中，ホモ（homo，英文homosexual的略称）与オカマ（okama，本意为肛门）一般被认为是蔑称，往往会替换为ゲイ（gay）。オネエ（onee，"男大姐"）使用范围更广，可泛指说话像女性的男性。

人都这么说了就会松一口气，可这样也不太对。"这句话让我印象深刻。造成这种现象的原因之一可能是越来越多的人不看原文，只看网络新闻和推文就开始二次引用。我自己也有类似的经历，文章常被人断章取义，贴上"前 AV 女演员拥护/反对 ××"的标签，可我压根不记得自己拥护过那个观点或反对过那项运动。但也不能一味责怪网络新闻，我在工作中应该更清楚地认识到自己的文章有可能被过度解读。

我感到这项工作既麻烦又复杂。写作这个行业身处缝隙之中，要围绕当下的热点话题，找寻还没有被别人说过的东西。但有些时候，正因为是当事人，又想对那些搞错重点的支持者冷嘲热讽几句。有些人大体上站在指责歧视的一方，但他们的具体言行也可能让人不舒服。

前些天，网友抗议某连裤袜品牌的宣传图有性消费的嫌疑，最后品牌方撤下了引发争议的图片。❶

有网友表示："女性购买这种商品是为了时尚穿搭和保暖，品牌方却把男性会喜欢的性暗示图片放在网上，岂有此理。"看到这样的意见，我险些下意识地提笔写道："把连裤袜套在头上搞笑的谐星和撕坏大量连裤袜的男性 AV 助理导演，都是厚木的优质客户啊。"我不想侵犯他们的抗议自由，但也不想被扣上"前 AV 女演员为色情图片辩护"的大帽子，所以犹豫了一下。换作以前，我大概立马就发声了。也不知道作为一个表

---

❶ 2020 年 11 月 2 日，连裤袜品牌厚木邀请二十五位画师绘制女性穿着厚木连裤袜的图片。

达者，我是变得不自由了，还是更谨慎了。再补充一下，我认为性消费本身绝对不会消失，再费心撤回也没用，所以才会忍不住去干涉那种耿直的抗议吧。

有个问题我已经酝酿很久了：当您以女性身份进入男性主导的职场，并取得了女性从未有过的成绩时，您会不会觉得男性会因为"这是女人写的东西""女性学者写了性感女孩"❶而兴奋？我们在滔滔不绝地阐述自己的看法时，却会因人们的关注点错位而被消费。我一直在琢磨，面对这种情形，我们还能怎么办。无论是研究社会学还是女性主义，我都怀疑男性能否彻底理解那些理论，进而反映到生活层面上，所以我猜测，即使在最高学府的职场上，男性也不一定拥有和他们所学理论一样的视角。

话说我还在上学的时候，有一次研讨小组请来 Lily Franky 先生❷当嘉宾。见介绍当天流程的学生很紧张，他便开了一句玩笑调节气氛："你说得再卖力，我也只会盯着你丰满的胸部。"我也经常开这种有点恶趣味的玩笑，不过我相信现在还有些地方的大叔真的只会盯着女性的胸部看。就算把胸部遮起来，他们搞不好也会说，这么遮遮掩掩反而更下流。我认为女性在工作中很难避免被性消费，在厚木连裤袜问题中我也有同样的感

---

❶ 指上野千鹤子于 1982 年出版的第一本书《性感女孩大研究》。

❷ 日本作家，代表作为《东京塔：老妈和我，有时还有老爸》，同名改编电影获日本电影学院奖最佳影片。本名为中川雅也，也是一名演员（饰演过《小偷家族》主角阿治）、音乐人，荧幕形象是爱说黄色笑话的中年大叔。

受,总觉得男性就是那种在原味店套着内裤、以荒唐的模样自慰后便拍拍屁股走人的生物,所以第一反应是死心,觉得根本管不了他们。您在上次的信里回答了"为什么能对男人不感到绝望"。我自己认为,正因为我蔑视男性的"肉欲",才会问出那样的问题。尽管这么想也许是对男性群体的冒犯。身为女人,虽然我不太能理解男人的本性,但我已经习惯放弃改变男人难移的秉性,转而与之共存,所以我很想知道,当有人用您不喜欢的方式看您时,您是如何面对的。

除了做研究和写书,您是否考虑过其他的职业道路?学生时代的您有没有考虑过不做学问?您当时可以选择的职业都有哪些呢?

如今……或者说早在我上学的时候(算下来也是二十多年前了),同类学校的女生可选择的职业已经十分广泛。尽管就读的院系专业不同,大家的职业选择都很多,可以在公司职员、专业岗位、研究岗位甚至创业道路中选择自己认为有价值的工作。当然在这个过程中,大家会琢磨自己想从事什么工作。但在此基础上,女性还要在界限不清的各种工作分类(比如以女性为中心的工作、女性身份至关重要的工作、女性身份不仅不重要还会成为瓶颈的工作、好嫁的工作、不适合结婚的工作……)的夹缝中东跑西窜,不知道该侧重哪方面的价值。

想从事的工作与符合理想人生的工作有时是一致的,可一旦出现冲突,就得考虑把什么放在第一位、有没有什么东西被忽视了、三十岁时还能不能保持同样的价值观……这时候,我们可能需要以自己的价值标准去挑选工作。而这种无依无靠的心境，也是将性掌握在自己手中、不再坚信婚姻神话的女性必须面对的挑战之一。在不止"社长"和"社长夫人"这两条路、选项更细分也更丰富的大环境下，往自己的人生掺入多少"女人"的成分，大概是女学生的切实烦恼。

我可以分享一下报社的情况。我待过的《日经新闻》会把不少新招的女员工分配到东京总部，但大多数职员在二十多岁时要被派驻外地，所以在校友活动中时常听见求职学生烦恼"想试试看，却又觉得干了这行好像就没希望结婚了"。同期入职的朋友之间有时也会说起"上学的时候从未考虑过怀孕年龄的问题"。公司一直在稳步完善女员工的生育福利制度，但在这些制度之外，还要考虑有没有结识异性的机会、能否得到异性青睐、会被什么样的人选中等等。仔细想想，女性似乎需要在二十一二岁的年纪综合考虑所有因素，做出一个相当重要的抉择。如果日本职场的人员流动性能再强一点，大家的心态也许还能轻松一些。

话说曾经的"女大学生圣经"、发行量直逼八十万的《JJ》终于宣布停刊。一想到今天的女学生主动舍弃了当年《JJ》坚定鼓吹的攀高枝神话，我不禁感慨万千，但同时我也能大致想象到，在缺乏强硬价值标准的大环境下，面对广泛选项的女学生该有多么手足无措。我也觉得，在旧价值观余音缭绕的状态下，哪怕在最先进的学府深造过，也可能对自己的选择感到焦虑。尽管我很清楚，那些能明确说出自己的职业理想与目标的人会对此嗤之以鼻。

  顺便一提，硕士毕业找工作的时候，我想尽量选择跟 AV 女演员不沾边的行业，这样有助于摆脱过去，也不容易暴露，因为大家肯定会觉得"这种地方怎么会有 AV 女演员"。此外还得是对文科硕士敞开门户的行业。有了这些条件，我没怎么考虑便把"好结婚、受异性欢迎"的行业排除出优先考虑范围。在步入"女人的人生"之前，我已经有了一段"作为前 AV 女演员的人生"。从这个意义上讲，我还是很幸运的。

2020 年 11 月 11 日
铃木凉美

> 刚出道的时候,
> 人们说我是"利用男性凝视的商业女权"。

铃木凉美女士:

在写给你的信里,我总会不由自主地写一些从未对任何人、从未在任何地方说过或写过的东西。

作为学者,我本不需要出卖隐私,也不打算这么做,所以逢人便说"我卖想法,但不卖感觉"(尽管破过几次戒)。但也许是通信这种形式使然吧,尽管知道书信会被公开,但一想到自己和你一对一"面对面",我便觉得没有糊弄与搪塞的余地。难得编辑在这个社交网络和短信息主导的时代想出了如此慢条斯理的玩法,我似乎也完完全全着了道。

你对"已经跨过去的人"感到的别扭引起了我的共鸣。人的改变不会像爬楼梯那样逐步发生,也不是一旦改变就再也回不了头。你能将自己的过去融入现在的自己,这就类似于性暴力的受害者将受伤的经历融入现在的自己,而不是假装一切从未发生。但谁也不敢说"有"这种经历一定比"没有"好,而且这样的"融合"非常脆弱,随时都可能瓦解。全方位地肯定现在的自己，包括积极的侧面和消极的侧面……这种状态固然是最理想的，但我认为没有多少人能够达到。

年纪大了也是一样。我跟许多老人打过交道，自己也到了被人说成老人的年纪，有时会深切感觉年龄与成熟没有一点关系。看到上了年纪的作者在书里写什么"我最喜欢现在的自己"，我只想立刻骂上一句："扯淡！"

对了，这次的主题是"工作"是吧。

关注你的动向时我一直在担心：她接下来准备做什么呢？她会以作家的身份活下去吗？可她会写什么，怎么写呢？

作为一个研究社会学的人，硕士论文《"AV女演员"的社会学》出版成书，这个起步可以说是相当幸运。我本以为你会继续深造做学问，但你并没有走这条路（当然，你随时都可以重启学术之路）。听说你进大报社当了记者，我还以为你喜欢写作，没想到后来又辞职了。在《男女雇用机会均等法》颁布后，主流媒体的记者是最受女性追捧的职业之一，照理说你完全可以留下来。莫非是因为过去的经历曝光后实在待不下去了？

现在的你算是偶尔上上夜班的自由撰稿人吗？根据之前提过的"反论资排辈"思维，你在夜世界的市场价值会消失殆尽，那你是不是打算有朝一日靠笔杆子活下去呢？

顶着"撰稿人"头衔的女性大有人在。语言是最简单的工具，人人都可以使用，也不需要画漫画的技能或搞设计的品位。我也知道有许多女性想写署名文章，专栏、影评……什么样的都行。对我们这一代女性来说，写作称得上最便捷的工具，哪怕一度回归家庭，放不下实现自我价值的念头，也能立刻把它用上。有许多女性确实走了这条路，为杂志写写填缝的短文，出版刊载当地最新信息的杂志，甚至成立自己的编辑制作公司。其中确实有人频频发表署名文章，还有人推出了纪实作品，一跃成名，深受后来者崇拜。好比酒井顺子女士和岛崎今日子女士，就成了大家的榜样。

那是一个杂志文化蓬勃发展的时代，作者和读者都对杂志青睐有加。我有几位熟人就在那个时候出道，她们乘着杂志文化的浪潮，辞去稳定的工作，成了自由撰稿人。

但出版市场早在90年代就迎来巅峰，纸媒时代已经一去不复返。当年采访经费充裕，稿件的单价也很高。可也不知从什么时候开始，那几位熟人开始跟我抱怨行情日渐走低。照理说，只要名气够响，业绩过硬，工作单价就会上升。但她们恐怕没有想到，就因为成了自由撰稿人，自己的工作量随行业衰退而不断减少，单价更是不增反降。

热爱书籍和杂志、希望从事编辑工作的年轻人在今天也没有绝迹。我们上野研讨组的学生有时也会被这类出版社录取。遇到这种情况，我总会说："恭喜你，挺好的。可天知道你们公司还能撑多久。"

当然，就算从纸媒变成了电子媒体，内容产业也永存不灭。但在电子媒体上，作者不得不置身于明显更为激烈的竞争之中。网络新闻上的署名文章以点击量论英雄，默默无闻的YouTube

主播也能靠足够高的播放量一跃跻身名流行列。如今的媒体环境已经与我们那个时代大不相同。

你在信里说，你担心自己写的东西会在什么样的语境下被消费。不过在那之前，你有没有意识到你自己也是媒体语境下的消费品呢？而且只要你是一个消费品，就注定"用完即弃"。

作者无法选择媒体（除非是业界红人），而是媒体选择作者。这意味着没人下订单就无法写作。也许你现在忙得不可开交，来自媒体的订单源源不断，甚至无法想象无人下单的状态。

上野研讨组也走出过几位独具一格的作家。而我对开始走红的研究生的忠告始终是："不要被用完即弃。"

无名的年轻人一旦意识到有人需要自己，便会心生欢喜。要是自己的作品引起了别人关注或得到赞赏，他们就会得意忘形。作品要是能换来金钱，那就更不用说了。编辑总在寻找有走红潜力的人才，年轻人很容易被这样的编辑唆使，信以为真，甚至刻意迎合。可他们一旦过气，编辑便弃之如敝屣。我对此深有体会，毕竟也是过来人。所以我一直苦口婆心地劝他们脚踏实地，积淀出不受时代和潮流影响的东西。

对编辑来说，作者不过是商品罢了。打着灯笼都找不到愿意与作者殉死的编辑。当一款商品卖不出去的时候，放弃就是理所当然的选择。我对编辑最大的赞美，就是将其比作鬣狗。因为他们就像以腐肉为食的鬣狗一样，擅长发现作者最危险的部分，赋予其商品价值，放上货架。你的前缀"前 AV 女演员"

对他们来说肯定也有求之不得的附加价值。

但是你打算带着这个前缀走多远呢?

对你来说,前 AV 女演员的经历已成过往,但你并没有更新自己的履历。AV 行业源源不断有新人崭露头角,制片现场也会发生变化。你作为当事人的价值是有保质期的。诚然乙武先生❶有"作为残疾人的当事人性",伊藤诗织女士也有"作为性暴力受害者的当事人性"。但这种当事人经历写过一次就结束了。人不能反复书写自己的历史。

人们常说,每个人一生至少会写出一部杰作,但专业作家需要不断推出杰作,一次还远远不够。一辈子只写出一本畅销书也不行,你得像铃木一朗❷那样,每个赛季的安打率都稳定在三成左右。

每每言及此处,我都很庆幸自己是一名社会学家。不过这句话背后更多是一种感慨:还好我不是作家。当然,我也不认为自己是当作家的料。作家是以自己为试验田,把自己切成碎片,社会学家则以社会(即他人的集合)为试验田。我一直认为,在自己脚下再怎么挖都挖不出什么花样,所以才奔赴名为"他人"的战场。而且他人是取之不尽用之不竭的,所以社会学家永远不缺研究材料。我素来认为,想象力无法超越自身的认知,而现实远超想象……所以我对虚构作品的要求极高,很少有小

---

❶ 即前文提及的作家乙武洋匡,他自幼患先天性四肢切断症,天生缺乏四肢,《五体不满足》是他的自传。

❷ 铃木一朗(1973—),曾是职业棒球选手,保有美国大联盟单季最多安打纪录,以及连续 10 个赛季每季都能击出 200 支以上安打的吉尼斯纪录。

说能让我觉得有趣。读到无聊的小说时，我只想大吼一声"把时间还给我"。但论文或纪实作品不然，只要能告诉我原本不了解的事实，哪怕文章写得再拙劣，心里都是喜悦胜过烦闷。

有没有编辑在你耳边嘀咕："要不要写本小说看看？"

这足以说明，人们认为小说是人人都能写的东西，还认为每个人都想冲破制约、自由自在地表达自己，而小说就是自我表达的形式。但我认为这种想法错得离谱。我认识的好几个人都被编辑的低语冲昏了头脑，开始尝试小说。我很不欣赏这种做法，每每看到那种人，我都不由得感叹"这人也没能抵挡住写小说的诱惑啊"，又觉得"这人以后也只会写小说了"。村上龙在《工作大未来：从13岁开始迎向世界》中将作家定义为"死刑犯也能做的工作"，令我印象深刻。作家恐怕是想写作的人选择的第一份，也是最后一份工作。

既然如此，已经年过三旬、想要靠笔杆子活下去的你也是时候明确要写什么、怎么写、用什么风格写了。

你肯定会反问，我又是如何选择了这份职业呢？

如果你问我是不是一心想走学问之路，我只能说"不是"。恰恰相反，当年的我是个稀里糊涂的姑娘，对未来没有任何规划，甚至没有想过靠工作养活自己。在没有任何雄心壮志的情况下，一心不想找工作的我为拖时间读了个研。这背后是以失败告终的学生抗争运动的惨痛经历。考上研究生后，我向一位相熟的教授报喜。教授问我："那你硕士毕业出来打算做什么呀？"我老实回答："老师，我是一点想法都没有。"教授便说："女孩子嘛，就这样挺好的。"在那个年代，大家甚至不觉得这是性别歧视。

你问我有没有考虑过不做学问，这么说起来，我二十岁的时候只觉得这个年纪烦得要命，巴不得一脚跨到三十岁以后。而我想象的三十多岁的自己，是冷清酒馆的老板娘。当时京都大学周围有很多廉价酒馆，囊中羞涩的学生只要往那儿一坐，店家就会给他们上二等酒❶（当年还有这种东西呢！）。我在家里从没帮父母干过活，就靠着坐在吧台前问"阿姨，这是怎么做的"学了一些小菜的做法。多亏那段经历，我现在还会做口味清淡、更适合当下酒菜而不是下饭菜的京都小菜。回到故乡金泽，在闹市区的后街开一家跟小吃摊差不多简陋的破酒馆，做个忙里忙外、看人下碟、略带倦容的酒馆老板娘……说这是二十岁姑娘勾勒的未来蓝图，倒也着实好笑。在那个年代，上了三十岁就是不折不扣的大妈。在那幅图景中，老板娘身边没有丈夫和孩子的身影，可能是因为早在那时我就已经没有成家的打算了。

那是一个女生读研出来也没有工作可做的年代。大学里教的社会学一点意思都没有，我也完全不觉得自己是做研究的料。我做过各种兼职，但都无法靠它们维持生计，有两次差点决定退学。之所以打消这个念头，是因为还有奖学金这条财路。爹妈的钱有附加条件，但奖学金没有。

---

❶ 1992年之前，日本国税局将清酒划分为特等、一等、二等，税率视等级而定。

想一鼓作气从"女孩"变成"大妈",跳过"女人"的阶段……那时的我就是如此厌恶自己是女人这件事。在三十岁将至时,我第一次接触到了女性学,只觉得茅塞顿开:哦,原来我还可以研究自己啊!面前出现了一件自己主动想做而不是别人让我做的事情,这还是开天辟地头一遭。不过当时我完全不觉得自己能以此为生。我还想,如果我不适合做研究,那就让研究来迎合我吧。哪怕过着失业者一般的日子,我也没有丢掉这种不羁和自恃,还挺不可思议的。

后来,时代的浪潮将我(们)推到高处。因为我和我们这一代的许多女性都迷上了妇女解放运动和女性主义,渴望阅读这方面的书籍。而当时的出版市场上并没有我们想读的书(翻译过来的外版书除外),于是我们这些年轻的创作者得到了志同道合的女性编辑提供的机会。

不过无论是当时还是现在,出版界都由男人主导。我可以预见到自己在那个地方会被如何"消费"。我的"破处"作《性感女孩大研究》被视作"年轻女人写的荤段子书",很是畅销。女性主义论文集《女人的快乐》也采用了编辑提议的擦边球书名。随后出版的《裙子底下的剧场》是围绕内裤的研究。《女人游戏》的序言题为"放眼望去皆阴户",以至于人们给我起了个"四字学者"❶的雅号。也是在那时,我成了"社会学界的黑木香"。《女人游戏》还闹出过这样的笑话:我的一位男性朋友在长途卡车司机停靠休息的餐馆边吃边看这本书,一个大叔凑过

---

❶ 阴户(おまんこ)写成片假名是四个字。

来说:"小哥,看啥呢?哟,玩女人?❶挺有意思的嘛!"还有人跟我抱怨:"看你的书必须包书皮,否则都不好意思拿出门。"

把书名列出来一看,还真是壮观得很。说我"利用了男性凝视"倒也没错。当时还有人说我是卖弄女性元素的"商业女权"。不过我心想,管他呢,卖得动就行,不服气就写本畅销书出来瞧瞧啊。年长的大妈直皱眉头:"听说最近冒出来一个年轻的女社会学家,就喜欢用荤段子炒作?"我始终坚信,即使读者的购书动机有违我的初衷,但只要他们在阅读之后理解我的真实意图就行。值得庆幸的是,比起误解与误读,我遇到的更多是优秀的读者,让我感到自己的观点说到了他们的心坎上。过于害怕被误解,人就一句话都没法说了。既有正解又有误解也无妨,管它是八二开,还是六四开,只要我觉得正解多于误解,就有勇气继续写下去。女性学的先锋一代应该可以抬头挺胸地说,我们在没有读者的地方创造读者,和读者共同成长,还走出了一批出色的作家……是读者培养了作家。我们绝不能低估读者。而且我有幸遇到了一批优秀的编辑。我永远不会忘记他们的栽培之恩。

我一直有"两手抓"的意识,既出通俗读物,又出学术专著。出了一本容易引起误会的书,就再出一本学术色彩比较重的书。听到人们惊呼"这两本书居然是同一个人写的",好不畅快。我将这两种书称为硬派与软派、A 面与 B 面、上半身与下半身。哪怕把"荤段子"类的著作从列表中删除,剩下的也

---

❶ 《女人游戏》(女遊び)的书名也可译为"玩女人"。

足够多。应聘的时候,我都会把它们删掉,让面试官当它们不存在。但对方总会告诉我:"很遗憾,我们没法当这些书不存在。因为它们不仅不是加分项,还会倒过来扣你的分。毕竟外行人都是通过这些书认识你的。"是我自己刻意做了这些招人白眼的研究,也算是自作自受。

90年代初,我突然成为东大教官时(当时东大还是"官办学校",所以学校里的老师被称作"教官"),一个学生问:"上野老师,你是怎么拿到这份工作的呀?是睡来的吗?(笑)"说这话的是个女生,我当然知道人家是在开玩笑。这种玩笑在当时还是可以开的,但如果开口的是男生,也许就无法太平收场了。

大学教师是一种奇怪的职业。"教学研究两手抓"不过是无稽之谈。在大多数高等学府,你跟学生讲自己正在做的研究课题也是白搭,因为学生理解不了。虽然被称为"研究者",但无论在研究方面取得多少成绩,工资都不会多出一分钱。特别是在私立学校任职时,我切身体会到自己的工资出自讲台下学生的家长支付的学费。我在某私立大学新创办的院系待过一段时间,在学生结业前,校方拿不到政府补助,所以我的工资100%来自学生家长的钱包。我从未像当时那样强烈地感受到,大学教师从事的是教育服务业。调到官办学校之后,我惊讶地发现同校老师几乎没有意识到自己是教育服务的提供者。

我曾用学生的四年学费除以毕业所需学分对应的课时数,

算出每节课是5000日元。据说，如果通知下周停课，日本学生会拍手叫好，美国学生却会嘘声一片，因为他们很清楚自己上的是私立学校，每年要交大约400万日元的学费，理应享受服务。然后我转念一想：也许学生是因为学费一年一交才意识不到，要是改成每上一堂课都要交一张5000日元的代金券呢？我的课值不值这个价？

教师是我最不想从事的职业之一。因为我从来都不觉得学校是个有趣的地方，也从来没有尊敬过老师。在那个年代，女大学生毕业后要么当公务员，要么当老师，而我实在不愿意凑合当个老师，干脆没考教师资格证，断了自己的后路。其实我只是太懒了（笑）。我从未想过自己会成为一名教师。仔细想想，只有大学老师是没有教师资格证也能担任的教职。坐在讲台下的也不是孩子，而是大人。大学不同于小学、初中和高中，学生是可以选老师的。不愿意上我的课就别选我——大学老师是可以这么说的，这为我提供了绝佳的借口。如果学生还是选择了我，我就努力工作，力争对得起这份薪水，不辜负他们的期望和信任——我抱着这样的信念投入了这份工作。幸运的是，我遇到了许许多多出色的学生。其实老师也是学生培养出来的。大学院的工作尤其严肃，因为老师培养的是可能在不久的未来成为自己对手的学者。

按照惯例，大学老师退休时都会出一本《某某老师花甲纪念论文集》，里面要放几篇徒子徒孙拍马屁的论文。快从东大退休时，一个学生问我："老师，您不打算让学生编一本退休纪念论文集吗？"我兴致缺缺地回答："太土了，我才不要呢。"而学生给出的替代方案，便是后来的《挑战上野千鹤子》（千田有纪编）。我在书中回应道：

> 这些学生是离我最近的人，熟知我的论文有怎样的长处和短处。他们想拿起在我手下磨好的刀，刺向我的阿喀琉斯之踵……能被这样一群人选中，我深感欢喜。

把书送给一位同事时，对方表示："这本书提高了后人出退休纪念论文集的门槛。"

尽管教师不是我主动选择的职业，但从结果来看，这份职业非常好。因为我可以亲眼见证年轻人和不那么年轻的人的成长，仿佛竹笋褪下一层又一层的皮。看着他们，没有生过孩子的我心想："瞧我拐来了多少别人家的孩子……"那心态堪比花衣魔笛手❶。毕竟家长可以见证孩子儿时的成长，却很少有机会见证孩子成人后智慧长足进步的过程。

我和立命馆亚太大学现任校长出口治明合著的《你的公司与工作方式幸福吗？》马上就要出版了，到时候也给你寄一本。出口先生这些年的工作经历颇为独特。我们在这本书里聊了各自的工作方式。其中也包括少有人问及，所以从未在其他地方提过的事。提起《JJ》停刊时，你说现在的女生不光可以攀高枝当社长夫人，还可以自己开公司当老板，却因为选项过多而

---

❶ 德国传说中用笛声引诱孩子进入山洞，任由他们困在里面活活等死的人。

迷茫。我忽然想到，如果我晚出生个二三十年……会不会体会到那种"面对广泛选项手足无措"的感觉呢。

话虽如此，社会的变化总是差那么一口气。正如你在信中所写，肯定有很多女性在"以女性为中心的工作、女性身份至关重要的工作、女性身份不仅不重要还会成为瓶颈的工作、好嫁的工作、不适合结婚的工作"的夹缝中"东跑西窜"。

我曾梦想成为小酒馆的老板娘，可见并不排斥服务业。作为服务的提供者，我也很有服务精神，学生都能为我作证。如果我生在另一个时代……说不定能在企业里出人头地，当上高管呢。当然，这是不是我想做的另当别论。

而你在这样的大环境下选择成为一名自由职业者，这意味着你选择了一种没有保障的人生。我是拿工资的雇员，甚至当过一阵子国家公务员。还记得刚成为雇员时，我结结实实吃了一惊，感叹每个月都有固定金额入账也太舒坦了。我并不喜欢组织，却作为组织的一分子走过了这么多年。出口先生也不例外。我们合著的书名里之所以有"你的公司"这几个字，正是因为我们都是上班族。我在书里提到了自己为什么明明可以当自由人，却没有离开组织。

我一直把自由职业者称为"买国民健康保险❶的人"。一旦离开"公司"，成为国民健康保险的被保险人，你就会深刻感受到组织为雇员提供了多大的保障。无能的人受到的保护尤其多（尽管今天的企业可能已经没有这份余力）。新冠疫情也让

---

❶ 面向公务员、公司职员以外的普通居民、个体户的保险。

人们清楚认识到了这一点。每每看到因疫情失去工作的非正式员工或自雇人士，我就不由得感叹他们的处境着实艰难，好似赤手空拳立于荒野之中。

我发自内心地祈祷，你的选择能结出积极向上的硕果。

2020 年 11 月 20 日

上野千鹤子

独立

> 用完即弃的自由撰稿人
> 应该在什么时候做些能化作积淀的工作，
> 这确实是个难题。

上野千鹤子女士：

我在上一封信里问您当年有没有想过不从事研究工作，这固然是出于对时代背景的兴趣，但更多是因为我无法想象既不当大学教师又不做学问的您会是什么模样。冷清破酒馆的老板娘，这个形象着实教我意外。我有几个陪酒时认识的女性朋友，现在就当着小酒馆的店长或妈妈桑（数量不多就是了）。陪酒称得上卖弄女人味的极致，不过仔细想来，和夜总会里的其他人相比，她们基本都是不轻易拿女性身份当招牌的人。也许正因为她们深谙不能单纯地让别人消费自己的青春和纯真，才能在那个世界站稳脚跟。

插句题外话，我一直很排斥把酒馆的老板娘称为 Mama 而不是 Madam 的习惯，感觉带些恋母情结，怪恶心的。莫非也是因为男人非得把陪酒女郎区分成"追求的对象（处女）"和"完成蜕变的女人（妈妈）"，否则就没有安全感吗？如此想来，您说您二十多岁的时候厌恶自己是女人，想跳过是处女才会受到追捧的年轻女人的阶段，一鼓作气变成大妈，这倒也合情合理。

您在信里说，您有幸遇到了优秀的读者，出书后收获的"正解"比"误解"要多。还说您会有意识地两手抓，既出通俗读物，又出学术专著。这对我来说也是巨大的启发。出版《"AV女演员"的社会学》后，我又写了一本题为《卖身的话就完了》的随笔。当时我也对面露不悦的母亲做了类似的解释，却没有切实践行的气力。

您在回信中问"现在的你算是偶尔上上夜班的自由撰稿人吗"，其实我已经很久没上夜班了。刚离开报社的时候，我在歌舞伎町住过一阵子，偶尔想呼吸一下夜世界令人怀念的空气，就会去夜店坐坐台。但由于母亲病情愈发严重，我渐渐远离了那个世界。她去世后，我就彻底从夜班毕业了。正像您之前指出的那样，"父母的禁止"有着妙不可言的滋味，她去世的时间与我告别夜班的时间正好吻合，这未免也太凑巧了。但其实年纪大了才是更重要的原因，与在家里写稿相比，去店里上班变得不那么合算。我的市场价值不是"会消失殆尽"，而是早就开始暴跌了。

我不是那种能把服务做到极致的陪酒女郎，当不了妈妈桑，只会简单地用青春和纯真换取金钱。所以三十岁过后，我在夜世界的价值直线下降，与年龄成反比。夜世界特有的畅快感，即"自己能卖出价钱"的感觉也随之迅速褪色，只留下触目惊心的现实。但我毕竟曾被那个世界的强烈魅力深深吸引，所以至今仍会作为顾客或单纯的朋友和路人进进出出，也仍想把握并言说它那充满魅力、可怖又肮脏的轮廓。但是与年轻时相比，在那里工作至少不再那么有吸引力了。所以，我工作的路径大致是夜班（AV和陪酒）→报社记者→自由撰稿人。

您说您当年读研是为了拖时间，我读研则是因为还不想离开夜世界，但也不打算永远留在那里。尽管那时还很年轻，但我好像也会琢磨：要是找了工作，业余时间就很有限，没法再去夜店坐台或拍片，可大学毕业后做全职女公关或AV女演员，感觉又很冒险。我之前也在信里提过，年轻的我认为"不完全沉浸在白天或黑夜，但在两边都有立足之地"非常重要，避免失去任何一边的唯一办法，就是延长当学生的时间。所以我本科多念了一年，五年才毕业。在念研究生的两年里，我也一直维持着这样一种状态：无论置身于白天的世界还是夜晚的世界，我都能告诉自己"我的世界不止这一处"。

但在此期间，我先是对AV行业产生了恐惧，毕竟自己的价值不像一开始那么高了，在夜店也到了不能光把清纯年轻当卖点的年纪。于是我觉得自己必须找一份工作，好从夜世界抽身，这就是我入职报社的原因。我也觉得，在白天的世界里增长年岁，总比在夜世界人老珠黄要好。读研的时候，我在银座一家小俱乐部坐过一阵子台，感觉还挺自在，即使继续读博，大概也不会洗手不干，所以也想借此机会彻底过上不一样的生活。这种单纯的向往大概也是促使我走进报社的一个原因。

报社的工作还是挺有趣的，况且我小学作文里写的理想职业就是写文章，所以大体上比较满意。而且最重要的是，这份工作让我意识到，只要你还打算在日本过下去，就没有比当公司雇员更好、更轻松的路子。我父亲一直在大学当老师，所以是拿工资的，但从我记事起，母亲就不在公司里工作了，过着一边做笔译一边做学问的生活。亲戚里也不太有所谓的公司雇员，所以我对雇员的印象比较负面，等到自己找工作之后才反应过来："天哪，还有比这更妙的吗！"

我也不是不能继续留在报社。我至今觉得，日本的公司雇员一旦脱离这条轨道，想回去就十分困难，留下来显然是明智之选。工作本身做得也还算得心应手，但随着三十岁大关临近，我愈发怀念早该挥别了的刺激感。硕士论文也刚巧在同一时期出版成书，这让我渐渐觉得当公司雇员有些憋屈。不能穿短裤和高跟鞋，不能随心所欲四处旅行，要充分明白自己的立场，不能进出"见不得人"的场所……这应该是许多公司雇员在成长过程中不得不妥协、放弃的事情。我起初也告诉自己，过日子就是这么回事，但还是觉得这样太不自由了，于是在大致可以靠稿费养活自己的时候辞去了工作。同事都知道我出版了硕士论文，我偷偷用笔名写稿的事情也传开了，东窗事发（包括我过去的经历）恐怕只是时间问题，还是先溜为妙。而且我也想呼吸一下阔别已久的夜世界的空气。做过脱得一丝不挂的工作，让我养成了一种思维习惯：万一哪天钱不够花，重操旧业就是了，也许赚得不如以前多，但好歹能撑一阵子。这种习惯也促使我做出了离职的决定。

不过我之所以敢轻易辞职，最重要的原因大概是我与家人的关系还算不错,没有经济上的后顾之忧,实在走投无路了也有家可回。母亲经常建议我,要想在日本做自由职业者,找个正式雇员结婚会保险一点。她也是在父亲正式被大学聘用时辞去了工作。但我从没认真考虑过结婚成家的事情,只觉得姑且靠父母就行了。如果您问我后不后悔,我会回答"偶尔会"。第一,我所仰仗的母亲去世了。第二,父亲从大学退休了。第三,父亲在母亲去世后有意建立新的家庭。这些事情让我意识到,本以为"老家"永远都会在那儿,却发现它搞不好就快没了。面对这样的焦虑,我不由得想,哪怕当一个穿不了高跟鞋、没法到处旅行的憋屈雇员,只要待在公司里,大概也不至于那么焦灼。

我年轻时过得太不健康,完全不觉得自己能长命百岁,也许这就是为什么我一直选择优先考虑当下的舒适,而不是未来的好坏。不知为何,我脑海中总有一幅模糊的画面:父母很长寿,我却走在了他们前面。但幸运的是(或者说不幸的是?),我也许能活很久,也许不得不以不太健康的状态活下去,如此想来,自由撰稿人确实很不稳定。论前途渺茫,自由撰稿人可能多少比AV女演员强一些,但在我看来,两者非常相似,都会被消费,都是用完即弃。因此,尽管工作内容和报社记者差不多,我的心态反而更接近拍片的时候。

您在信里问我:"你打算带着这个前缀(前AV女演员)走多远呢?"这是一个非常难回答的问题。使用这样的前缀绝非我的本意,但我猜他们是认为,没有这个前缀,我的作品就没有价值,可见"前 AV 女演员"能带来多么求之不得的附加价值。我经常在回答采访时说,我的目标就是用一辈子的时间摘掉这个前缀,但我也不知道自己有没有其他附加价值可以超越它。也正是因为这个头衔实在难以超越,我总是劝那些有意拍 AV 的女性再考虑一下,告诉她们,你可以告别"AV 女演员"这份工作,却永远无法告别"前 AV 女演员"的身份。

恰好在我敲定第二本书的出版日程、从《日经新闻》辞职的时候,周刊曝光了我的过去,所以我有时也会琢磨:要是没有那篇报道,自己还能接到多少工作?此刻的我又会写什么呢?因为演过 AV,有一些工作我确实不能做,但"因为演过 AV 而得到的写作机会"明显多得多。您指出当事人的价值是有保质期的,但我感觉前 AV 女演员的保质期长得出乎意料,甚至是带贬义的"长"。越是想摆脱它,本人与前缀之间的反差就越有趣,人们反而会愈发强调那个前缀。在一个完全不同的领域取得辉煌成就,大家就不会关注你的过去了吗?我觉得事情可能也没那么简单。我在信里提过,在找工作的时候,我想找一家不容易暴露我拍片过往的公司,结果曝光我的周刊给报道取的标题正是"《日经新闻》记者竟是 AV 女演员!"如此想来,我如果继续留在 AV 行业,或者什么工作都不做,夹紧尾巴低调度日,或者找一家在旁人眼里与"前 AV 女演员"相称的公司,也许就不会被贴上"前 AV 女演员"的标签了。被曝光过去、为了附加价值而被扣上那种前缀的人,恰恰是进入公众视野、为了摆脱 AV 女演员的过去而开始在其他领域耕耘的人，这也令我颇感讽刺。

一不小心扯远了。总之我完全同意您的观点，即使我一辈子都摘不掉"前 AV 女演员"的帽子，这种状态能产生价值的时间也非常短，而且我只会写文章，并不是学者，所以等待我的是被消费、用完即弃的命运。您一直告诫研讨组的学生"要脚踏实地，积淀出不受时代和潮流影响的东西"，这句话深深触动了我。巧合的是，母亲生前写给我的最后一封信里也有类似的话。"出一两本别致的散文集也许很容易，大概也很有意思吧。但那只是烟花而已，除了过眼云烟什么都不是。希望你拿出更有意义的作品，为后人铺路搭桥，树立路标，甚至建起庇护所或瞭望塔。由衷期待你求师问友，出一本踏踏实实而非易冷烟花的书。"在写下这番话短短半年后，她就与世长辞了。也许她是看穿了我对父母的依赖，看穿了我"被人用完即弃、无路可走了就回家啃老"的小算盘，所以才会如此叮嘱。编辑邀请我与您通信时，我是多么想给劝我"求师问友"的母亲捎个口信啊。

在报社工作的五年半写的都是新闻稿，我本想在接下来的五年半里只写通俗的文章。而今我在这场疫情中度过了离职后的第六年。三年前，我决定不再接关于夜世界的连载，结果找上门的净是关于恋爱和性的随笔。于是我在一年前给自己立了新规矩，不接这方面的邀约，避开自己最能靠小聪明搞定的领域。但我也意识到，自己不过是想在需求耗尽之前逃离战场罢了，一如当年在 AV 行业对自己的需求临近枯竭时逃之夭夭。

我在很多地方说过，夜世界会让人上瘾。正如您指出的那样，对无名的年轻人来说，写作也有成瘾性。我本想一边写点有趣的东西，一边做些能化作积淀的工作，却痛感这并不容易。莫非离开公司，靠小聪明写作为生终究是一个错误？广大为生计工作的自由职业女性（还有男性）也知道市场对自己的需求总有一天会枯竭，自己总会迎来用完即弃的一天，想做点什么却很难有坚实的积淀，很难做出成绩以摆脱困境。难道在日本，在不当公司雇员、不靠父母或婚姻兜底的前提下工作就这么不现实吗？写到这里，我想起了一位法国朋友。他（自称）是影像作家，一直靠失业保险和其他福利过着悠然自得的生活。他总说要利用这段时间养精蓄锐，干一番大事业，可我看他好像已经好多年没干过正经事了。我觉得这似乎不仅仅是社会保障制度的问题。

其实我有很多关于独立的问题想问您，谁知光铺垫就写了这么长。除了婚姻，我们这一代的女性好像仍然缺乏保障。那我们究竟需要什么呢？希望在接下来的几个回合里可以跟您探讨一下这方面的问题。

2020 年 12 月 3 日
铃木凉美

> 你不必急于决定去向，
> 不妨尝试一下新的主题和文风。

铃木凉美女士：

这次的主题是"独立"呀。

你在这次的回信里说，你无法想象"既不当大学教师又不做学问"的我会是什么模样。也许在旁人眼里，我在高学历精英的路上一直走得顺风顺水吧。

之前告诉过你，我读研并非一心向学，也没有雄心壮志，只是为了逃避就业拖时间。之所以能在"大学"这个讲究学历的社会生存下来，不过是因为父母阴差阳错地为我提供了受高等教育的机会，而且他们也恰好有足够的经济实力。

说起来，我十八岁时还有"从医"这条路可选。我的父亲就是医生，开了一家私立医院。在我们家的几个孩子里，我的成绩还算不错，所以我感觉得出父母希望我学医。可真要走这条路的话，我唯一的选择就是念本地的金泽大学医学院，到时候就无法逃离那个家了。祖母和母亲一直教育我："这年头女人也得有一技之长。"母亲说这话可能是出于怨恨，毕竟她这辈子不得不在经济上依赖丈夫。可真到了女儿选学校的时候,她突然翻脸不认人,说什么"女孩子上个大专就行了",搞得我很是纳闷,心想:"妈妈,你这些年说过的话算什么啊?"现在想来,她也许是对女儿迅速脱离父母的掌控产生了危机感。后来,她见我选择不结婚、不成家,便觉得自己的人生仿佛被全盘否定,对我说了好些满是怨气的话。

不仅如此,一想到以后要当医生,我就觉得后半辈子的路都铺好了,一眼就能望到头,不禁感慨"捧着铁饭碗的人生可真无聊"。跟家境贫寒的朋友说起这些时,他们强烈反驳说:"你是身在福中不知福!"当时女生的大学升学率还很低。看到同辈的女性说"我从小看着大人吃苦受累,不想落得和母亲一样的下场,所以拼命学习,找了一份需要专业技能的工作",我只觉得她们是那样光芒四射,眼睛都睁不开了。

看完你的回信,我感到自己那可悲的旧伤在隐隐作痛。你说你之所以敢轻易离开好不容易入职的名企,"最重要的原因大概是与家人的关系还算不错,没有经济上的后顾之忧,实在走投无路了也有家可回"。无论面对怎样的困境,都能告诉自己船到桥头自然直,我觉得这种乐观精神是父母的馈赠,不过这背后存在依赖心理。你觉得实在不行了还可以靠父母,当年的我也一样。我曾经在一次鲁莽的旅行中花光了钱,只得打电报回家让父母寄钱来。结果当然是挨了一顿臭骂,但我坚信他们不可能不给我寄钱。

告诉你一个没人知道的秘密:有一段时间,我把银行卡的密码设成了父母家的电话号码。每次输入那个密码取钱，心头便是一阵苦涩的刺痛，因为我意识到自己都一把年纪了，还没有摆脱"实在不行还能靠爹妈"的心态。或者说，也许我是想用这份苦涩自勉，才会一直用早已销号的老家电话当密码。

我的父母有一腔愚蠢的父母心。无论我干出什么事，他们都会原谅。我甚至认为，就算子女杀了人逃回家，他们大概也会敞开大门。你说你"年轻时过得太不健康，完全不觉得自己能长命百岁"，这话也把我看乐了。女儿最大的叛逆，就是狠狠糟蹋父母无比珍视的自己。但反过来说，女儿越是下得了手，就说明她越相信父母的爱呀。

你觉得自己会走在父母之前？照理说，死亡的顺序就是出生的顺序，若是颠倒了，在佛教里称"逆缘"。对父母而言，人生最大的不幸莫过于白发人送黑发人，孩子的不孝也莫过于此。送走父母后，有人对我说了一句毕生难忘的话："孩子的职责就是不走在父母之前，你已经出色地完成了自己的使命。"我不由得想，希望有朝一日，我也能对别人说出这番话。你送走了母亲，所以也算是尽到了一半的责任。

长大成人后，我目睹了那些得不到父母关爱，甚至被冷待或虐待、在家没有容身之地的孩子长成了什么模样。回过头来想想，我们这代人正因为认定父母是伟岸、强大、坚不可摧的，才能喊出"粉碎家庭帝国主义"之类的口号。作为一名社会学家，我见证了家庭在这些年的变迁，痛感它变得脆弱、渺小而易碎。想必孩子们正在竭尽全力阻止家庭分崩离析，甚至不惜用自己的身体堵住裂缝。

之所以产生这样的感慨,是因为我读了涩谷智子女士编写的《未成年照顾者:我的故事》。编者向日本读者介绍了"未成年照顾者"的概念,让大家认识到有一批(未满十八岁的)孩子不得不扛起责任,照顾离不开人的父母。他们自己还在需要照顾的年纪,但周围总有人说"你真了不起""你好努力呀",使得他们只能逼着自己振作,无从倾诉内心的痛苦。他们得不到同学的理解与同情,走向沉默与孤立。他们没有求助的途径和知识,或是求助了也没有人伸出援手。但他们没有回避摆在眼前的照顾需求……对这些孩子来说,父母不是他们依赖的对象,而是依赖他们的人。这样的家庭和孩子肯定一直都存在,但直到未成年照顾者这个概念横空出世,他们才被世人看见。是涩谷女士让那些(曾经的)孩子开口说出了长大成人之后也无法消弭的种种感受。这本书堪称心血结晶,看得我不禁感叹,要与孩子进行多少沟通才能做到这一步。

我切身感受到孩子是无法选择父母的,尽管做父母的大概也会感叹自己无法选择孩子。这么看来,你我都非常幸运,毕竟我们能有"实在不行就靠父母"的念头。有句话叫"英雄是能够化命运为选择的人"。我觉得那些没有逃避眼前照顾需求的孩子,就是将无法选择的命运变成了自己的选择。这就是为什么这本书中每一个未成年照顾者讲述的故事都如此震撼人心。

但面对并非自己选择的出身,你完全没有必要感到羞耻。多亏父母赠予我的爱,我拥有了"船到桥头自然直"的乐观精神,也拥有了不惧怕未知世界和新鲜体验的秉性。也许你的满不在乎和鲁莽也是父母的馈赠。

说回"独立"这个主题。

天职（vocation）、职业（profession）、工作（job）是有区别的。三者重合是无上的幸运，但这样的情况寥寥无几。"无论能不能赚到钱都会做"的是天职，"利用专长谋生的差事"是职业，而工作是"奉人之命的有偿劳动，无关好恶"。除此之外还有爱好（hobby），指自掏腰包也要做的事。对我来说，我的职业是教育服务业。尽管没有任何相关执照，也没有受过培训，但在实践中掌握了必要技能，足以拿出与工资相符的成绩。研究女性学和社会性别如今称得上是我的天职，但它起初只是爱好而已。我甚至在某小杂志上发表过一篇文章，题为《作为爱好的女性学论》。天职就是别人不下命令，你也愿意主动去做的课题。至于冲着钱做的工作，各种各样的我都做过一些。不过没尝试过性工作。

对你来说，写作是这三者中的哪一种呢？

人活着就得吃饭。养活自己意味着你必须要有市场。钱出自别人的口袋，所以你要是对他们没有用处，他们就不会为你掏钱。我在智库做过兼职研究员，体验过信息变成金钱的过程，还学会了如何将信息转化为金钱。但"课题"终究是别人给的，本质上无异于"借人之物，图己之利"。我的社会学技能可以在这份工作中派上用场，所以当年我说不定也可以选它作为职业。在囊中羞涩的研究生阶段,我经历了人生中的第一次挖角。大阪某新兴智库邀请我加盟,表示"想招个能立刻用上的人"。我考虑了一天还是拒绝了。理由荒唐得很:懒得一大早爬起来,从京都最北边坐电车去大阪上班……光是回想起这件事,我就直冒冷汗。

女性学这个爱好之所以能转化成天职,也是多亏了时代的巧合。不过与"化命运为选择"一样,我能够"化偶然为必然"也实属侥幸。但正如我在上一封信中所写的那样,我为自己不仅乘上了时代的浪潮,还创造了浪潮本身而自豪。

我也动笔杆子写过文章。文字是一种非常方便的工具。写作这种行为涵盖了爱好、天职、职业与工作。我会针对写作性质的不同使用不同的文风。

想必你已经在写作的乐趣中品尝到了自我表达的愉悦。写作是一种技能。而技能是可以磨炼的。这个过程中最大的陷阱就是自我模仿。不止作家,所有创作者都要面对这样的陷阱。你一旦产生市场价值,买家(编辑)就会约你写"类似于××的东西",只为复制昔日的辉煌。因为这样最保险稳妥。但越是顺着他们的要求来,你的市场价值就越低。

你的母亲和我给出了同样的建议。而且她的措辞是如此精彩——"希望你拿出更有意义的作品,为后人铺路搭桥,树立路标,甚至建起庇护所或瞭望塔。"我把同样的意思表达成了"脚踏实地,积淀出不受时代和潮流影响的东西"。不愧是搞文学的,这表达能力教我甘拜下风。请容我再感叹一下,能用这样的文字交流的母女实在是让人眼红。（但我也不禁感慨，你这个当事人肯定烦透了吧……）

只有走过之后，才知道自己要走哪条路。你不必急于决定路线与去向，不妨尝试一下新的主题和文风。新的主题必然需要新的文风。不尝试一下，又怎会知道自己能做什么呢。得天独厚的环境让你天生可以满不在乎、鲁莽行事，那就把这点好好利用起来吧。而且你经历过挫折与伤痛，甚至不惜刻意脱离那个优越的环境，这使你拥有了别人没有的财富。

如果我只能给你一个建议，那就是永远不要低估读者。作者的衰颓始于低估读者的那一刻。到时候，你也只配拥有相应的才华。我时常告诫学生，写文章的时候要想一想这是写给谁看的，文章的"收件人"最好是你能勾勒出面貌、可以用专有名词描述的人。作为学生论文的第一个读者，我也一直在琢磨我这个读者配不配当收件人。对本科生和研究生来说，最大的不幸莫过于无法信任和尊敬作为收件人的导师。还有一句话我也经常对学生说：别以为你的收件人只在学术界这片小天地里。他们经常被论文主审和副审的意见牵着鼻子走，所以这样的建议非常必要。

文章也可以写给"尚未出现的读者"。话说回来，先前提到的未成年照顾者的动人故事，我觉得就是写给其他不知身在何处却有着类似经历的未成年照顾者，写给"尚未出现的读者"。我能感受到：啊，这些文字能传到很远很远的地方。

天职、职业与工作都无法让别人代劳。

但在信的结尾,你说"除了婚姻,我们这一代的女性好像仍然缺乏保障",看得我不禁唉声叹气。什么样的工作都能督促我们成长。遭遇瓶颈与难题的时候,即便有最亲近的人守在身边,能够突破难关的人也只有你自己。被逼到极限后努力克服——这种经历只有靠自己的力量才能体会到。人会在这个过程中品尝到成就感,建立自信。如果这种体验伴随着认可,那就赚到了。如果认可是以金钱的形式出现,那就是撞大运了。难道年轻女性没有机会品味这种成就感吗?

你朋友的逸事也把我逗乐了。"我想起了一位法国朋友。他(自称)是影像作家,一直靠失业保险和其他福利过着悠然自得的生活。他总说要利用这段时间养精蓄锐,干一番大事业,可我看他好像已经好多年没干过正经事了"——多么似曾相识的感觉。在80年代的英国,社会保障制度尚有余力,当时我结识了一批年轻人,他们一边领着失业保险过日子,一边玩音乐、搞戏剧。我觉得披头士就是在英国那种青年文化中诞生的。那时我还感叹,看来没有经济保障和时间,文化就无法诞生。但金钱和闲暇只是必要条件,不是充分条件。区别到底在哪里呢?

无论工作本身赚不赚钱,最大的回报都是自己获得的成就感。尝到甜头就会上瘾……研究的乐趣就在于此。即便工作是为别人做,而不是为自己做,也能品尝到成就感。这是成长的喜悦。你会感到自己做成了一些事,因此脱胎换骨。哪怕到了我这个年纪,都能尝到这种滋味,仍在成长期的你就更不用说了。现在的自己和那时不一样了——当你可以说这句话，想要把全新的自己展现给某个人看时，可惜她已经不在人世。

我向来认为，父母和老师存在的意义就是有朝一日听孩子或学生说："感谢你们多年来的照顾。从明天起，我不再需要你们了。"过了这一天，就只能自己培养自己了。这些你应该早就心知肚明。

2020 年 12 月 14 日

上野千鹤子

团结

> 女人之间的友谊确实珍贵,
> 但我认为它不如"家人"的纽带万能。

上野千鹤子女士:

新年伊始,生活又回到了紧急事态宣言状态。尽管有些职业的工作方式和生活方式正在发生巨大变化,但据我观察,在我居住的东京市中心,还是有很多人渴望与人见面交谈,无论情况如何。今天是星期六,我走进一家咖啡厅买咖啡,店里几乎座无虚席,女顾客的说话声铿锵有力,听着比平时更响,也许是因为戴着口罩。收银台附近的一桌人碰巧在讨论"冻卵"。

我之前没看过《未成年照顾者:我的故事》,读完您的回信便去补课,还看了一下编者涩谷智子之前通过中公新书出版的另一本《未成年照顾者》。故事的讲述者都是迫于眼前局面与需要,无法专注于自身成长的孩子。希望他们的声音能被社会各界听到,特别是那些正默默承受命运的重担、完全没有意识到自己是"未成年照顾者"的孩子们。话说2020年的热门动画《鬼灭之刃》里也有一个角色苦于照顾生病的父母,最后走投无路,变成了恶鬼。动画的主角也是一名"照顾者",在父亲病故后忙着照顾母亲和弟妹。

我在夜世界（不限于 AV 行业）遇到过许多曾经的未成年照顾者，也遇到过正在照顾双亲的人，有男有女。一方面因为夜世界是没有受过多少教育或培训的人也能轻松涉足的行当，另一方面似乎是因为夜世界的工作模式相对灵活，对单亲妈妈和照顾者来说都比较方便。他们的家庭情况各不相同，有的是家人疾病缠身或对某种东西成瘾，需要人照顾，有的则是一直被父母寄生，迟迟无法解脱。但总的来说，我的夜班朋友和熟人显然比大学院、报社的同学和同事更能接受自己对家庭的职责，也认为履行这种职责理所当然。

夜世界照顾者的面貌也并非百分百惹人同情。我见过牛郎过着吊儿郎当的生活，毫无顾忌地欺骗异性，成天吃喝嫖赌，每月给父母寄的钱却多得惊人。也见过风俗女郎花钱如流水，工作态度恶劣，却把独自将自己拉扯大的瘾君子母亲接到身边照顾。有熟人不停地补贴在旁人眼里"糟糕透顶的父母"，长大成人了也不逃离糟糕的家庭环境，而是默默接纳现状，我对此感到不知所措。您说"想必孩子们正在竭尽全力阻止家庭分崩离析，甚至不惜用自己的身体堵住裂缝"，我觉得很是精辟。

当年的我认为自己的家庭坚若磐石，于是试图破坏、考验和糟蹋强大的父母和他们一手缔造的家。但置身一个"脆弱、渺小而易碎"的家庭时，孩子就会试图保护它，即便父母不是他们选的，也没有给他们足够的关怀和教育。前些天，我和牛郎俱乐部老板手冢真辉进行了一次对谈。他出版了一本题为《新宿·歌舞伎町》的书。我们也聊到，许多牛郎明明没有从父母那里得到多少像样的馈赠，却格外重视父母。

当时我切身体会到，进入夜世界对我而言在某种意义上是破坏我与父母关系的手段，对另一些人而言则是保护、照顾和珍惜父母的必然选择。我之所以在夜世界里越待越无聊，越待越不自在，也许就是自卑感所致，毕竟我不是只有待在这里才能活下去，而我的朋友是，他们主动选择了这片天地，堪称"化命运为选择的人"。置身于夜世界时，我大概是有些惭愧的，因为和那些以接受命运的方式进入那个世界的人相比，我待在那里的必要性要弱得多，而且乍看之下，我似乎是因为不愿接受自己的命运才入的行。如今想来，这种自卑感可能是一种天真吧。二十岁上下的时候，我很少提起出身，因为不希望别人误以为我是个"叛逆的大小姐"。尽管我不得不承认，当年自己确实有年轻人特有的憧憬苦难和黑暗的心态。

直到最近，我的想法才有所改变，想要充分发挥父母馈赠的天赋，也觉得自己肩负着这些年的境遇带来的责任。从这个角度看，您在上一封信里说"面对并非自己选择的出身，你完全没有必要感到羞耻"，给现在的我打了一剂强心针。

您问我，写作对我来说是天职、职业还是工作。"经过研究生阶段和报社那几年的训练，它已经成了我的职业"——我很想这么回答，但上一次用母亲的话重复您的建议后，我深刻反省并意识到在过去的几年里，我基本在用对待工作的态度写作。

写《"AV女演员"的社会学》时，我有相当明确的"收件人"，就是那群随便乱说一通的学者和记者（通常是男性），他们或支持、或同情、或批判置身夜世界的我们。从原味店时代到出入夜总会和AV行业的时期，有无数男性论客（当然也有女性）在与我们毫无交集的地方擅自替我们发言。特别是与那些为了照顾父母而入行的人相比，我这样的年轻女性并没有什么理由入行，于是大批记者争相采访，有时《讨论到天亮！》之类的谈话节目还会自说自话展开激烈讨论。作为一个具有叛逆精神的年轻女人，我早就料到自己的行为会被别人指责"不像话"。尽管我打算按自己的方式活下去，朝这种批评竖中指，但看到别人说出我的心声或出言维护，我反而有种难以形容的别扭。眼看着那群大叔莫名其妙站在我们这边，自以为是地替我们说话，发表激情昂扬的演讲，"真想一枪打爆那群大叔的后脑勺"成了我写硕士论文的一大动机。

离开报社不久后，我拍过AV的事情就被一家周刊曝光了，当时有许多陌生人莫名其妙站在我这边，用文不对题的发言替我批评那些带有职业歧视色彩的报道。那时我也有类似的别扭，"不想被胡乱代言"一度成为我写作的主要动机。现在回想起来，这背后也许就有您之前指出的"恐弱"情结。我的所作所为就像是对试图保护自己的人放冷枪，招人嫌也是在所难免，但那时的我还是想把别人擅自替我发言时没有提到的部分写出来。

不过这只是最初的冲动。在疲于应对日常写作工作的过程中，我似乎失去了那种明确的动机，越来越不清楚自己想说什么，想对谁说了。我可以不再为出身而羞愧，但还是想重新思考一下能以自己的天赋履行怎样的职责。

上一轮的主题是"独立",这一轮是"团结",我很想把它们结合起来探讨。很抱歉在上一封信里让您唉声叹气了,只是和同辈女性交谈时,我总感觉大家不结婚就没有安全感。倒不是说我周围的朋友无法在工作中品尝到成就感,也不是说她们在经济上不独立。恰恰相反,按一般标准来说,她们的收入相当高,从事的也都是很容易带来成就感和满足感的工作。可这样一群奔四的人聊天时总是绕着"结婚"和"生育"打转,仔细想想还挺不可思议的。当然,年轻女性的年龄压力比较小,尚未确定事业的发展方向,还"什么都不是",看起来更不受婚姻和伴侣关系的束缚。

疫情让我们清楚意识到,许多人都面临着经济不稳定的问题。哪怕在大公司身居要职,未来也充满了不确定因素。就算有一技之长和资格证书,找得到专业性强的工作,潜意识里对国家发展前景的忧虑还是让大家无法对未来放心。我觉得这种焦虑不会因结婚而消失,不过今年元旦,我碰巧和四位单身朋友去神社,结果所有人不约而同地买了祈求良缘的护身符,不禁苦笑。要知道她们之中有编辑,有报社记者,有的就职于音乐行业的龙头企业,每个人的工作都既有成就感,收入又高,也得到了一定的认可。

这也许是因为我们被毫无恶意地灌输了家庭观念和不结婚就不圆满的幸福神话,又无法轻易打破它。但在上学的时候我们更担心的是能否找到一份有意义的工作、能否通过喜欢的工作挣钱，完全想象不到"不属于家庭这一单位"会让我们这代人如此焦虑不安。可能有部分原因是，在父母老去或离世之前，我们至少还有出生长大的那个"家"，就算自己不组建家庭，也不太容易感到孤独。就我个人而言，在母亲和祖父母相继去世、父亲与新的伴侣渐渐成为一家人之后，我才产生了一种疏离感，觉得过年的时候无家可归了。

在社会整体结构中地位相当优越的女性竟如此渴望家庭，这让我感受到来源于工作的独立有其局限性。即使看起来足够独立，能通过工作树立自信，在经济上很是宽裕，能切实感觉到社会的认可，还是有人无法坚定地当一个单身贵族。而周围的人能为她们提供的最立竿见影的解决方案，除了找到以结婚为前提的伴侣，就是培养装神弄鬼的爱好或饲养宠物。说实话，我完全不知道还有什么能让她们不再渴望婚姻带来的安全感。三十岁之前，单身朋友之间只会聊"父母天天催婚烦死了"，现在则无须父母出手，自己就陷入了模模糊糊的焦躁感。

当工作带来的自信和独立不能填补这种焦虑和孤独时，如果我们仍然试图在婚姻之外找到某种联结，最先想到的就是女性友谊带来的团结。我和朋友虽然隐隐约约觉得缺乏安全感，却也没有那么苦闷孤独，这恐怕也得归功于友谊。因为我们会结伴参拜神社，共度工作之余的闲暇时光。

尽管友谊如此宝贵，但大家下意识总觉得与异性的一对一组合似乎更加无所不能。原因可能是多方面的，其中之一是友谊没有婚姻那样的纸面契约，也不容易产生经济上的依赖。不过我最近感触尤其深的是,"女性友谊比男性友谊更容易因婚姻变质",这一点至今仍是不争的事实。参加同学会或同事聚会,把酒言欢到深夜时,在场的男性往往既有已婚,也有单身,分布还算平均,留下的女性却清一色都是单身。前些天,我参加了一场近二十人的餐会,男宾有八名已婚,五名单身,六名女宾却是全员单身。这让我痛感已婚女性在家庭中的担子依然很重。日本还没有将育儿工作外包的习惯,有这么多已婚男士大晚上仍在外面闲逛,也从侧面说明他们的女性伴侣正在家里照顾孩子。

这就意味着,好闺蜜的其中一方结婚后,时间安排就不再那么灵活,即使有一个亲密的闺蜜圈,结了婚的人也会一个接一个离队。眼看着闺蜜们远去,女性就会比男性更加焦虑,生怕被孤零零撂下。既然如此,如果社会能够纠正家庭内部事务的分担比例,减轻养育子女的压力,女性就更容易通过相互扶持来缓解孤独感。

我认为维持友谊比维持夫妻关系需要更多的勇气和努力,毕竟后者缔结了契约(尽管那不过是一张纸),在经济上也高度融合。对于那些通过工作实现经济独立的女性而言,女性之间的互助能否成为安全感的重要来源呢?您又是如何定位您与朋友的关系和互助意识的呢?

女性的团结是那样困难。您研究的女性学和女性主义发现并串联起了一条细线,使得曾经互不相容的女性如今多少有了一些联结，只是这条细线肯定无时无刻不在分分合合。在社交网络中，我们更容易因为说的话而团结在一起，但本该同病相怜的人也更容易因为对语句理解方式的差异而产生分歧。尽管如此，我还是想好好珍惜那条在女性主义出现之前连看都看不到的线。只怪我围绕"友谊"聊了太多，这方面的话题还是等下一轮讨论"女性主义"的时候再向您深入请教吧。

2021 年 1 月 11 日
铃木凉美

> 人生路上有人相伴,
> 这也许是幸运的,也可能是不幸的。
> 不过到头来终究是"孤身一人"。

铃木凉美女士:

你现在是 35 岁左右,同龄人确实正处于生儿育女的阶段。男性的平均初婚年龄是 31.2 岁,女性是 29.6 岁(2019 年),大多数人会在结婚一年内生育(而且我之前也说过,如今奉子成婚的情况占到了 1/6,生育成了许多人结婚的大前提)。再过几年要二胎的话,35 岁左右就刚好是需要拼命照顾两个孩子的时期(比如老大 6 岁、老二 4 岁,或者老大 4 岁、老二 2 岁)。

话说近半个世纪前。奔三的我在一个工作日沿着京都闹市区的河原町散步。走着走着,我忽然发现同辈的女性仿佛潮水退去一般消失得无影无踪,不禁愕然。小姑娘在零售店当售货员,在办公室里上班。上了年纪的老阿姨在逛街购物。还有推销员模样的大叔匆匆走过。可是放眼望去,愣是不见一个已过 25 岁、稍微有点"过气"的同龄女性。在那个年代,女生被比喻成圣诞蛋糕,24 岁之前结婚才正常,过了 25 岁就是不折不扣的"大龄剩女"。

我这一代的女性平均初婚年龄是 24 岁。那个时候,她们正独自留在家中,埋头照顾孩子。

当时的托儿所也不如现在多。而且要想把孩子送进托儿所,必须提交就业证明,让有关部门认定孩子是无人照管的儿童(现在上托儿所仍然需要证明孩子需要托管)。上托儿所的孩子是可怜的,母亲把孩子送去那种地方要么是出于迫不得已的难处,比如丈夫失业或生病,要么就是满脑子想着工作,"自私自利"。"怎么能把孩子送去托儿所,还不如你辞职回家算了"——周围的人会指责年轻的母亲,婆婆跟亲妈也会出面干涉,说"还不如我来帮你们带"。婴儿潮一代的年轻父母更加艰难,因为他们大多来自地方乡镇,家里兄弟姐妹多,连老人的帮助也指望不上。

那时都没有"丧偶式育儿"(ワンオペ育児)的概念。女人带孩子天经地义,没有人会特意给天经地义的事情命名。在丧偶式育儿一词横空出世时,我不禁感慨万千。"ワンオペ"即 one operation,原本用来形容只有一人维持的工作现场是多么孤单冷清。这个词表明,让母亲孤立无援地带孩子是不对的。

当年还流传着所谓的"三岁神话",说三岁之前是儿童人格塑造的关键时期,必须妈妈自己带,否则孩子就会"长歪"。这是不折不扣的神话,是毫无根据的伪科学。幼儿园和托儿所也只收三岁以上的孩子。在那之前,女人只能憋屈地跟孩子窝在家里,咬牙忍耐丧偶式育儿的艰辛。

接着,我亲眼见证了三岁神话的草草破灭。职业女性休完一年产假后重返工作岗位,呼吁政府解决待机儿童❶问题,而媒体和论客都没有高举三岁神话的旗帜谴责她们。90年代开始的经济萧条导致男性工资迟迟没有上涨,为了维持生计,妻子也必须外出工作。在这样的大环境下,谁都不会指责在孩子满一岁后重返岗位的职场妈妈。不仅如此,出生率下降(少子化)致使劳动力日趋紧张,政府和企业都希望"女性也能出来工作",认为"没有理由不雇用女性劳动力"。我不由得感叹:搞什么嘛,原来现实情况一变,三岁神话就轰然崩塌了啊,对母亲的要求也太会见风使舵了。

话说回来,如今已成"过去"的政客安倍晋三(希望他永远都别回归政坛)担任首相时曾主张延长产假,喊出了"三年育儿假,尽情抱孩子"的口号,结果遭到激烈的反对。搞不好他脑子里还有三岁神话的残余。"三年也太荒唐了!""我们不想休这么长的假!"女性如此抗议也未受到规劝。我都纳闷当年的三岁神话上哪儿去了,兴许是变回神话了吧。

尽管"败犬"的数量有所增加,但观察同龄人便不难发现,大多数女性仍然选择了结婚生子,你们这一代也不例外。一旦有了孩子,孩子和家庭就会成为人生中的头等大事,这是理所当然的。这两件事将占据生活的大部分时间,占据女性的脑海。我是不明白为什么当了父亲的男人不会变成这样。眼前是一个无助而脆弱的小生命,一天没人管就会一命呜呼,而且他们应该为这个生命的诞生负一半的责任。夫妻俩一起带孩子都很吃

---

❶ 需要入托,但由于空位不足,只能在家排队等待的幼儿。

力,他们却撂下一句"孩子的事情都交给你了",任妻子"丧偶式育儿"。孩子稍微有个头疼脑热,他们还敢冷冷地说上一句"不是你负责带孩子吗"。孩子有残疾,或是得了疑难杂症,他们也敢逃避否认……日本的男人分明是在抛弃自己的亲骨肉。不过,他们当然也在为自己的行为付出代价。

当年没有"丧偶式育儿",却有"密室育儿"和"母子紧贴"❶的概念。那时投币寄物柜才刚出现不久,把孩子抛弃在寄物柜里的母亲就属于我们这一代。许多走投无路的年轻母亲抛弃甚至杀害了亲骨肉。2020年秋天,人们在港区某公园发现了新生儿的尸体,孩子的母亲是个正在找工作的女大学生。我顿感不寒而栗。半个世纪过去了……情况竟没有丝毫变化。

丈夫或让女方怀孕的男方却极少受到指责。与我同辈的作家村上龙有一部题为《寄物柜婴儿》的长篇小说,讲述曾经的寄物柜弃婴长大后报复这个拒斥他们的世界。难道男人的想象力就那么贫瘠,设想不出如果自己生在那个时代,完全有可能让女方受孕,逼得人家不得不把孩子扔进投币寄物柜吗?但我从没有听过男人对遗弃、杀害子女的反省之词。

扯远了。一谈到养育孩子,我便会想起日本的男人是多么不负责任,怒气涌上心头,所以才偏了题。我想表达的是:同辈女性确实会因为结婚生子先后脱离朋友圈。而在生儿育女的

---

❶ 这两个概念都指母亲为了兼顾家务与育儿,不得不将孩子放在屋里,确保孩子始终在自己视野内。

阶段，这件事成为女性人生中的头等大事也是理所当然。偶尔见一面，聊的也都是孩子的事情。看着当妈妈的朋友围绕孩子聊得热火朝天，感觉掉了队也在所难免。而你正处于这个年龄段。我也是过来人。但是再多活几年你就会明白，这样的时期只是人生的一个阶段罢了。

孩子生一两个就差不多了，而且一眨眼就会长大。过个五年、十年，孩子就不愿意跟父母同进同出。到时候，她们就能在晚上出门赴约，也可以跟你一起远行，在外头住上几晚都不成问题。还有一些女性会在育儿工作告一段落的同时（甚至等不到那个时候）恢复单身。我总会对她们说："欢迎回归单身生活。"

而且我品出了一条真理：男性朋友会一个接一个离开，但女性朋友不会。

不仅如此，我有许多上年纪以后才结交的女性朋友。看到有人教育高中生或大学生"现在交的朋友是一辈子的，要把握时机"，我都不禁感叹：你们是不是觉得人只能在年轻的时候交到朋友啊？真可悲。我还曾和最近结交的朋友相视而笑，说："还好没在年轻的时候认识你，不然我们肯定成不了朋友。"

年轻时结交的朋友确实宝贵，毕竟她们见过青涩的你，了解你还是刺猬时的模样。但与饱经风霜的女性相识相知，才更能让我们的内心丰盈。知己，知晓自己……这个词着实精辟。哪怕一年到头都见不上一面，哪怕受疫情影响无法亲密接触，只要知道她还在那里平安地活着，便是莫大的慰藉。而光是冒出"她万一不在了"的念头，失落感就足以将我吞噬。原来这就是长寿的痛苦之一啊。眼看着知己先后离去,我的一部分也随着和她们共度的经历一起消失在了另一个世界……自己就这样被削了一刀又一刀,这种体验就是长寿的痛苦吧。我曾多次目睹失去至交的老者恸哭,这恐怕是一种不同于失去家人的失落。所以我会像年幼无知的孩子一样,不由自主地祈求朋友们活下去,即便卧床不起,只要活着就行。

女人之间除了孩子和家庭还能聊什么?——常有人说这样的蠢话。其实我们有的是话题可聊,不聊那些也无妨。我的女性朋友大多已婚已育,但她们很少和我谈起丈夫跟孩子。莫非是因为我单身,她们有所顾虑,刻意回避?还是因为她们有分寸,觉得跟外人谈论丈夫和家庭也没有意义,或是有自信,觉得问题只能由自己解决?抑或是两者皆有?我有一位认识了足足四十年的老朋友,听说她的丈夫去世,我才知道人家是已婚人士。是丈夫在她的生活中只占很小一部分,还是她顾虑我的感受,闭口不提?我对她们和丈夫、子女的关系是感兴趣的,可她们的丈夫对我而言就是个闻所未闻、见所未见的陌生人,听那些陌生人的故事该有多无聊啊。而且我的朋友都绝对不会在做出选择、拿主意之前说"我回家跟老公商量一下"。

顺便一提,如果朋友结婚了,而跟你走得更近的是女方,那上门做客时肯定会自在一些,如果跟男方更熟就不会这样。拜访刚结婚的男性朋友的新居时,难免要处处顾忌初次见面的太太,身心俱疲。但要是和女方比较熟,就能放心大胆地走进厨房跟她谈天说地。还记得我认识一对夫妇,丈夫先走一步后,去他们家做客就轻松多了。毕竟人家老公要是在，我肯定还是会顾忌。朋友结婚时，我总会有这样的念头：我和你是朋友，但我并不想和你老公做朋友。再说了，好朋友选的丈夫也不一定好呀（笑）。每次遇到这种情况，我都庆幸日本没有西方那样的夫妻文化。妻子去哪里，丈夫就跟到哪里，这也太烦人了。

不过无论如何，最后都是孤身一人。区别不过早晚而已。

我有朋友与志同道合的伴侣阴阳两隔，五十多岁便早早成了未亡人（这个称呼就不能改改吗）。还有朋友在六十多岁送走了丈夫，他们原本形影不离，十分恩爱。我担心她会一蹶不振，她却说"老公送了时间给我"，然后精力充沛地投入生活。而天天说老公坏话，"盼着他早点死"的女性却在失去丈夫之后陷入了长时间的空虚状态，消沉不已。她们的例子直教我感叹，夫妻可真是难懂。

作家小池真理子在《朝日新闻》周六版连载了近一年的随笔《月夜林中的猫头鹰》，字里行间透出失去配偶的撕心之痛。她的丈夫藤田宜永也是作家，我记得他们应该没有子女。最后都是孤身一人，他们与我有着同样的命运。

你说你的父亲有了新的伴侣吧。女儿在媒体上写文章，你父亲也因为隐私被曝光而头疼吧。不过成年的女儿疏远父亲的新家庭也是人之常情。但我想提醒你一句，不要急于将无依无靠的心转向婚姻和家庭。婚姻也好，家庭也罢，都不是女性的人生安全保障品。毕竟从婚姻和家庭"毕业"的女性都深有体会。

说起来，我在和男友分手、离开京都、送走父母之后，有一阵子经常对女性密友嘟囔"我没有家了，好想要个家"，觉得自己到头来还是无家可归了。在东京虽然有住处，但总觉得是个临时的落脚点。因为东京有活可干，所以才跑去那里工作，但那不是过日子的地方。正是在那个时候，我一时冲动，买下了现在为了躲避疫情隐居的山区土地。在那之前，我从没想过自己会买地建房。还记得当时有人问："这地买了有什么用啊？"我回答："管它呢，就买来放着。"说白了是为了自己的心理健康买的。

为我和这块地牵线搭桥的女性朋友早就在当地定居了。我问她："在这儿建房子的都是些什么人啊？"她如此回答："唔……都是放弃在东京盖房子的人。"这话还真没说错，在这一带，你可以用比东京公寓便宜得多的价格买到带土地的房子。这笔廉价的投资成了一剂良药，治疗着我"好想要个家"的心理顽疾。这块地我本想闲置，但最后还是建了房子。这是一个明智的决定。因为离开"公司"时，我不得不搬走堆积在研究室的大量书籍。好不容易处理掉了一半，但剩下的总得找地方存放。东京都内的公寓要好几百万一坪❶，哪来的地方放书。而建在山里的这栋房子堪比装满书的书库。在空无一人、好似阅览室的空间里独自阅读写作真是太幸福了。

话说在结交女性朋友的时候，我一直有意识地和比自己大十岁左右的人来往。要是年龄相差二十或三十岁，你会很难想

---

❶ 1坪约3.3平方米，100万日元每坪相当于1.6万人民币每平方米。

象那个年纪的自己……但只差十岁的话，便能进入想象力的射程。于是你就会知道"哦……我再过十年会变成这样啊"。所以我三十多岁的时候会问四十多岁的朋友："过了四十岁会不会轻松一点？"四十多岁的时候则问"过了五十岁会不会轻松一点？"我十分敬重的一位女士给出了令人难忘的回答："嗯……四十多岁有四十多岁的苦，五十多岁有五十多岁的苦。人啊，无论多大年纪，日子都轻松不了。"她在晚年遭受了亲朋好友的无情背叛，尝尽了难以言喻的苦涩。

她年近古稀时写了一首题为《归路》的诗。其中有这样一段：

此去向何处，
归路何其长。

可见上了年纪的人也一样无处可归。家庭和子女都成不了"归处"。

在人生的旅途中，也许有人与你同行，也许没有。有旅伴也许是幸运的，也可能不幸。有时候，旅伴确实能为我们的人生增光添彩。

不过到头来，终究是孤身一人。

只要做好这样的思想准备，便不难做出选择了。

2021 年 1 月 26 日
上野千鹤子

女性主义

> 希望那些想要享受"做女人"的人也能接触到女性主义。

上野千鹤子女士：

正如您所说，眼下我的朋友确实忙着生儿育女，未婚的则赶在四十岁大关之前扎堆步入婚姻，掀起了第二波结婚狂潮。您在信里说"这样的时期只是人生中的一个阶段"，令我大受鼓舞。我们这个年纪的单身女性总是不知不觉就退回到"不结婚成家就不放心""再不结婚就糟了"的思维中，主要原因之一恐怕就是周围的单身贵族越来越少。得知大家会随着孩子成长与离婚丧偶回归单身行列，让我觉得眼前亮起了一盏希望的明灯。

因为没有伴侣和孩子而感到焦虑的另一个原因是，看着年迈的父母住院、定期去医院看病或迎来死亡，我们必然会意识到，在当前的社会大环境下，生病时基本只有家人指望得上。好比母亲生病时都是我和父亲照顾，可我要是病了，怕是不会有家人来照看，我一度对此恐惧不已。但您的话语让我再次认识到，这种焦虑并不会因为组建家庭而消失。

见您提起寄物柜，我想起一起案子。大概三年前，有人在歌舞伎町的投币寄物柜发现了一具女婴的尸体。我记得很清楚，因为那个寄物柜恰好在我好友的店所在大楼的正对面，而且那段时间，家住歌舞伎町的朋友都在讨论这件事。各种传言在狭小的花街迅速传播：加害者好像是某某的熟人，据说受害者在某家店上班……和某女因为"太喜欢他了"而捅伤牛郎的情况❶如出一辙。花街本就是流言满天飞的地方，社交平台的普及更是让传播速度加快了十倍。

　　寄物柜事件发生后，孩子的母亲很快就因涉嫌弃尸被警方逮捕。当时在歌舞伎町周边出没的女性都在猜测孩子父亲是谁，传出了"听说男方是那家店的某某"的信息。消息还停留在"传闻"阶段就曝出了指向性明确的名词，这非常危险，毕竟有可能把无关的人牵扯进去。但怀孕明明有男人参与，在漫画咖啡店心惊胆战地生下孩子、杀死孩子、又把尸体扔进寄物柜的却是女人。如果她没有杀死那个孩子，日后的"家长"恐怕也只有她一个女人而已，所以当时才会有许多女性对这种不公产生无声的愤慨吧。

　　这周也有媒体报道称警方通过最先进的DNA鉴定技术锁定了二十二年前遗弃婴儿的母亲。社交平台上有很多网友表示，既然技术都这么发达了，那就应该把父亲一并揪出来。

---

❶ 2019年，东京一名女子刺伤一名男子，在接受审讯时表示"太喜欢他了，想和他一起去死"。该名男子是一名牛郎，曾与女子发生肉体关系并承诺结婚，而女子为了让他成为店里的头牌，不惜进入风俗行业赚钱。

只要仍然只有女性能生育，那么无论最终是把孩子生下来养大还是堕胎，男方都是凭自己的意愿决定要不要介入（不管形式是出钱还是出力）。从某种角度看，抚养费和堕胎费都取决于男方的善意，这未免也太不牢靠了。婚姻便是"姑且在法律层面上对这种善意做出规定"，可无论对方有没有善意，女人一旦怀孕，就只能生下来或打掉，只有男人可以随意选择。不过我个人觉得，指望个别男人改正这种不负责的行为也是徒劳，所以唯一的办法就是大力援助未婚单亲妈妈，为生育或堕胎的贫困女性提供大力支持。置身夜世界的时候，我见过许多单亲妈妈因为工作时间灵活而入行。还有许多性工作者（男女皆有）由单亲妈妈抚养长大，因为一心想要尽快独立，所以选择了这一行。

所以我认为最必要的生育支持政策就是对单亲妈妈的援助，政府就应该在这方面发力。不过您和社会学家古市宪寿对谈时曾指出："那岂不是在建立让男人更加不负责任的制度吗？"（当时二位正好聊到援助未婚单亲妈妈、让女性可以独立抚养子女的制度也更利于男方逃避责任。）读到这句话时，我不禁垂头丧气，心想"确实也存在这方面的问题"。而且正如我在信中多次提到的那样，我的观点背后往往是对男人的绝望和死心。这件事也让我再次痛感，用一句"期望他们做出改变也是徒劳"敷衍了事，反而便宜了那些不想改变现状的男人。我深刻认识到，问题就在于我将男人的不负责任看成了理所当然，对他们死了心。

除了朋友接连结婚生子造成的孤独，与我同辈的奔四女性仍然渴望婚姻的另一个原因可能与我们的青春时代有关。当时所谓的后女性主义❶在英美等国大行其道。在21世纪初的日本，受女性时尚杂志《CanCam》热卖等因素的影响，新保守主义的旗手随处可见。我属于援交辣妹那一代，《CanCam》热卖的时候，我恰好属于其核心读者群体（大学生），所以我们这一代人可以说是明显受到了日本这种倒车现象的影响。

　　如今活跃在各大社交平台，用话题和标签发起运动的主力军是比我更年轻的一代。一方面当然是因为她们从小跟社交平台打交道，反应比较快。另一方面的原因大概是，与我们的青春时代相比，社会上逐渐形成了一种"不惧怕自称女性主义者"的氛围，而且受美国名流主导的女性主义热潮的影响，越来越多的女性认为自称女性主义者是一件很酷的事情。

　　相反，以前许多网友在社交平台上谴责性别歧视、抗议不公正待遇时会先申明"我不是女权"，这种情况也引起了世人的关注。与年轻一代相比，我这一代人和比我略年长的一代人更常用这种申明。不想被贴上"女权"的标签，但又想好好抗议，一看就是21世纪初成人的那代人特有的心态。但申明之后紧跟着的话往往又是不折不扣的女性主义言论，于是我想，也许很多女性并不是排斥女性主义本身，而是接受不了"女权"这个称呼。

---

❶ 80年代在欧美国家出现的思潮，认为女性主义已经过时或夸大了问题，男女不平等的时代已经过去。

在我看来，"我不是女权"中的"女权"指的可能是相当狭义的激进女性主义。很多女性觉得没有太大的必要批判父权制，因为她们在学习机会、就业环境等方面没有经历过显著的性别歧视，也觉得当受害者有些不合时宜，对言论限制也不那么感兴趣。换句话说，她们觉得自己不属于那个群体，尽管曾受益于女性主义，但现在已经不需要它了。对我们那一代人来说，这种现象很容易理解。这与英美等国主张后女性主义的女性是不是很相似？

在90年代末到21世纪初的流行文化中，女性主义者往往被局限在一种极端的刻板印象之中。当时我也丝毫不觉得女性主义会与自己的生活和人生产生任何交集，至少在上大学之前如此。我的认识非常浅薄，只觉得帮助那些受压迫者的思想并不是用来拯救我们这一代人的。多年之后我才意识到，当年的自己错失了许许多多。我现在对女性主义的印象是，它就像一张又大又薄、五颜六色的毯子，由无数根丝线编织而成，其中有那么几根连接在我的身上。

要是我能早些从这块广阔的土壤中捞出一根细线就好了。毕竟如今生活在东京的女性多多少少都得益于女性主义。关于女性主义的讨论日益发展壮大，在探讨某些话题时，大家的主张甚至会向四面八方展开，被恶意刻板化的那部分最容易让人退避三舍，许多女性因此错失良机，走了弯路。我认为原因在于外部的污名化，可为什么女性主义者的刻板印象没有被塑造成性解放，而被定型为言论限制呢？有一段时间，美国的律政剧里出现了许多要求政府管制色情制品、抗议职场性骚扰的女性主义者。拜其所赐,我的不少同龄人不幸错过了学习女性主义的机会。

不过在森喜朗❶引发的抗议浪潮中,很少看到"我不是女权"这样的申明。我感觉森喜朗的失言和后续的一系列骚动足以说明,尽管当代女性拥有且做出了多样的选择,但大家会因为同是女人而产生相似的感受。如果女性主义这根细线在这时想尽办法把女性团结在一起,那应该就不会有女性抗拒了。这类运动(好比#MeToo)具有强大的爆发力,可以让人毫无抵触地抱着当事人的心态参与进来,只是容易昙花一现。但无论如何,我希望女性主义这个词能像细线一样,对任何人来说都相对容易触及和掌握。

在过去的几年里,社交平台上陌生人对我的批判(我不太想用"批判"这个词,也许应该说是更随意、非正式的坏话?)呈明显的两极分化态势,一半人说我是"极端女权",另一半人说我是"反女权的男权走狗"。我在文章里讲述了自己仗着年轻,大肆利用由男人赋予但我实际上并不具备的价值,尝尽了甜头,从这个角度看,我确实算性别歧视的帮凶,但我也写下了在那个世界近距离观察到的男人的危害,所以也可能成为

---

❶ 2021年2月3日,日本前首相森喜朗(时任东京奥组委主席)抱怨女性在会议上"话太多","竞争意识强,一个说完另一个也一定要说",因此建议限制女性的发言时间。

男人的公敌。我也知道自己态度不够坚定，总是左右摇摆，一直都比较抵触明确标榜"我是这个立场的人"。正因为我没有明确主张什么，人们才会受不同语境的影响，对我产生迥异的印象。

还记得十多年前读研的时候，很多人一听说我的研究涉及色情制品和卖娼，就想立刻弄清楚我到底是限制色情派还是捍卫表达派，是反对卖娼还是支持卖娼，非要搞清我的立场不可。他们跟查户口似的发问：你喜欢麦金农❶吗？你同意斯特罗森❷在《为色情辩护》中的观点吗？你对废娼论有什么看法？你同意"性工作是工作"吗？……这确实是研究者的宿命，不过在学者群体中，卖娼的确是一个意见分歧特别大、争论也相当激烈的议题，而且反对和拥护的逻辑都简明易懂，所以对方经常要我澄清立场。我记得很清楚，出版硕士论文的时候，很多人最先想知道的就是这本书的立场。这也许是因为一般人绝不会为强奸或虐童辩护，但明确拥护援交和色情制品的人却和厌恶它们的人一样多。90年代，支持审查派和反对审查派几乎势均力敌，以至于当时有股逢人就问"你站哪边"的风潮，在大学里尤为明显。也许是因为我们经历过探讨女高中生援交的热潮吧。

我认为"卖娼不太好"，在这方面与坚持在日本发声的性

---

❶ 凯瑟琳·麦金农（1956— ），美国女性主义者，认为色情作品侵犯人权，主张教育与职场中的性骚扰构成性歧视。

❷ 纳迪娜·斯特罗森（1950— ），美国自由主义女性主义者，反对审查色情制品，认为审查反而会使女性陷入更危险的处境。

工作者协会成员水火不容。但我也认为"卖娼这行当还挺有意思",可以就这一点跟她们开怀畅谈。可我一说自己对心理学家河合隼雄所谓的"(援交)有害灵魂"(当时大家都爱谈论这句话)还是有些感触,她们就立即把我划入敌人的范畴。我常常毫不掩饰自己对出卖性的厌恶,所以对性工作者的权益和去污名化感兴趣的人基本都看我不顺眼。甚至有前辈建议我说:"如果要以 AV 为题材,最好先适当加一段声明,比如'支持审查派的部分活动当然也很重要~',这样不容易挨骂。"我个人觉得,双方的观点我都可以理解,也都有无法理解的地方。也许正因如此,我养成了含糊其辞的习惯,从来不说自己是某某派或属于某某群体。

在某些话题上讨厌某个人,在另一些话题上又很赞成那个人的观点,这很正常,但最近常有人指着我说:"你以前明明跟他们对着干,怎么投敌叛变了!""你在讨好女权!""这次又跑去跟男人献媚了!"围绕女性主义积极讨论固然很好,奈何在社交平台上,屏蔽他人、跟自己人抱团是如此容易,所以我有时也会担心,一方若是给另一方打上"不是女性主义者"的标签并将其驱逐,女性主义这根细长的线就会被过度切割,人们逐渐只能接受在所有话题上达成一致的小团体,而这很有可能再次抬高女性主义的门槛,就像我们这代人十多岁时体验过的状态。

眼下的局面与 90 年代围绕色情制品的讨论如出一辙,支持管制派和表达自由派都声称对方不是真正的女性主义者。而在社交平台上，简单粗暴的主张能吸引更多的关注，所以我感觉支持审查制度的人似乎又占了上风。针对一张带有性别歧视色彩的图片、有种族主义倾向的仇恨言论或政客的失言，网友很容易就可以发起签名运动，向公众呼吁："你不觉得这让人很不舒服吗？让我们来抗议吧！"社交平台特别适合做这种事情，我也认为这样挺好的，但反过来说，社交平台可能就不适合探讨"审查有时候是不是做得太过火了""会不会有一些表达被审查扼杀在了摇篮里"之类的议题。我担心大家要是注意不到这种失衡，那些我在高中便厌倦了的成见也许会在娱乐圈死灰复燃。

之所以产生这样的想法，是因为我觉得女性主义的话语本应出现在更触手可及的地方，让许多人在不同的人生阶段接触到女性主义并获得救赎。现在想来，我上高中的时候，还有当夜总会陪酒女郎和 AV 女演员的时候，都不怎么认为女性主义可以拯救自己，只觉得它是一门学问，会巧妙利用我们讲述的经历，一会儿说我们有主体性，一会儿又反过来说我们是受害者。不过我痛感日常能意识到女性主义的时间在女人的人生中只占非常小的一部分。而一个人沉浸在快乐的非日常状态，尤其是感觉不到问题存在时，是不需要思想的，这在某种角度来看也很自然，但热闹过后，人生还要继续，热闹与热闹之间也许还夹着痛苦的日常。尽管男人为性设定了双重标准，我的身体也曾是他们性别歧视的帮凶，但我现在感觉好多了，因为我告诉自己，女性主义与我做出这一选择时的自由并不矛盾。

有些女性对自己的境遇总体上是满意的，想要讴歌做女人的乐趣，有时甚至会享受男女不平等的状态。她们不太想追求性解放，也不觉得自己受到压迫，想享受包括色情制品在内的各种表达方式，所以她们认为自己不算女权。我倒觉得让她们产生这种认识的社会着实可悲。我还认为，女性主义的魅力就在于，它像一块宽大的地毯，五颜六色的丝线穿插其中，你可以在既有观点的基础上接触到它，而它并不要求你为之反省。即使你不把日常生活的某种不便定性为男性歧视女性的结果，女性主义中的思想也有可能向你伸出援手。

所以我在感官上很排斥这样的说法："反正机会不平等已经在很大程度上得到了纠正，剩下的一部分问题就让当事人各自处理吧，多谢了，女性主义，是时候说再见了！""现在是后女性主义时代了！"如今女性做出的选择多种多样，大家都有各自的观点，也有发声的平台，所以建立团结确实有些困难。尽管如此，我还是殷切希望大家不要把女性主义当成"总有一天要挥手告别"的东西，而是在有需要的时候，从五颜六色的丝线交织而成的女性主义地毯中挑出能帮到你的那一根，也不要因为在少数话题上意见相左，就去驱逐那些不认为自己不自由、但又想再自由一点的女性，而是将她们也一并团结起来。

2021 年 2 月 11 日
铃木凉美

> 女性主义是热火朝天的言论竞技场。
> 没有异端审判，也没有除名。

铃木凉美女士：

一眨眼，我们的通信都进行到第十轮了。这次终于聊到了"女性主义"。

你之前说过，你的观点建立在"对男人的绝望和死心"上，觉得"对他们抱有任何期望都是白搭"，而且"男人的不负责任是理所当然"。

嗯，不难想象，夜班的教训之一就是让你学会了轻视男人。这可能是因为来找夜班女性的男人暴露了他们最丑恶的一面，企图依靠金钱和权力来占女人的便宜（而且是以最简便的方式）。他们说不定也是有骨气和品性的人，只是夜班的职场女性无从得见。事实上，他们特意来到夜世界消费，也许就是为了毫无防备地暴露自己的真实想法和没出息的一面。

写着写着，我不禁感慨：搞了半天，其实女公关跟妻子也没什么区别。一个踏入社会的男性在工作中表现得多么威风可靠，妻子和孩子都很少有机会见到那样的他，而更常看到他在家里不负责任、窝囊邋遢的一面。那些所谓英雄人物的公众形象和家人对他们的评价有着惊人的落差。大多数妻子都觉得丈夫是"自说自话、无药可救的人",抱着这样的念头伺候他们,有时还得忍受拳打脚踢。

我的父亲就是如此。日语里有个说法叫"对外人好、对家人差的人",说的就是他那种情况。外人对父亲交口称赞,说他绅士又温柔,殊不知他在家里是个大男子主义的暴君。他去世后,以前常找他看病的人来参加葬礼,我才知道病人是多么信任他,但这是家人从未见过的一面。话说"大阪饿死两孩事件"❶中的单亲妈妈在最后时刻向她父亲求助,却惨遭拒绝,而这位父亲是颇受尊敬的高中橄榄球队教练。性虐亲生女儿的父亲是当地名士的情况也屡见不鲜。

不过话说回来,为什么男人能如此毫无防备地向女人暴露自己最自私、最卑劣的一面呢?为什么他们可以厚着脸皮要求女人全盘接受他们的无理要求呢?

你听说过"卡桑德拉综合征"吗?据说它专指丈夫有心理发育障碍的女性所面临的苦难。卡桑德拉是希腊神话中的特洛伊公主,她在特洛伊陷落时受尽凌辱,成了阿伽门农的战利品,

---

❶ 2010年7月,警方在大阪某公寓发现三岁女童和一岁男童的尸体,家中没有大人和食物。随后,两个孩子的母亲(风俗业工作者)被捕,被判蓄意杀人罪。

最后被阿伽门农的妻子克吕泰涅斯特拉杀害，一生坎坷。❶

卡桑德拉们的报告中尽是妻子的控诉。[1]丈夫坚持自己的做法，还将这一套强加在妻子头上，使得她不得不一味忍耐。他们永远将自己放在第一位，对妻子和孩子漠不关心，除非有具体的指示，否则就坐着不动。找他们商量一些复杂的事情吧，便默不作声，跟块石头似的砸不出一点声响。其中不乏超乎想象、令人哑然的案例。有个丈夫特别讲究冰箱里东西的摆法，妻子每次买冷藏食品回来放入冰箱，他都要把里面的东西统统拿出来整理一下。还有妻子说不敢把孩子交给丈夫带，因为要是留下孩子独自出门，丈夫就会自顾自地出去慢跑。我见过不少妻子因为担心丈夫照顾不好孩子而不敢出门。孩子是夫妻俩造出来的，你都不敢把孩子交给他带，却敢跟这样的男人上床，还怀他的孩子呀。谁都不会突然变成父母。女人也是慢慢积累经验，在这个过程中成长为一个母亲。男人又不是没有学习能力，但妻子对丈夫的期望值太低，于是不得不独自扛起一切，这样的情况不仅限于卡桑德拉综合征的患者。

我是越听越觉得卡桑德拉们的控诉毫无新意，越听越不明白她们跟普通家庭的妻子到底有什么区别。"老子"是家庭的中心，谁都不准反抗自己的做法与讲究，如果家人无法容忍，便回以暴力或无视……这么说起来，家暴男也是如此。目黑

---

❶ 卡桑德拉被阿波罗赐予预言能力，但因抗拒阿波罗而被诅咒预言无人相信。女性主义理论借助这一神话形象，说明女性的声音不受重视。卡桑德拉综合征的重要特点便是，当事人的痛苦经历不被人相信。

区虐童案的死者结爱的继父船户雄大就是这样,他坚信只要自己在家,家人就该围着他转,时刻把他放在第一位,还强迫家人服从这一套。若是反抗,等待他们的就是暴力和没完没了的说教。[2]

有心理发育障碍的男性之所以结得了婚,是因为他们作为社会一员在职场是吃得开的,至少在婚前,他们不会那样对待自己的伴侣。等结了婚,开始共度日常生活,妻子才会惊愕地发现丈夫的怪癖和异常。专业人士建议她们把丈夫当病人对待,因为心理发育障碍是一种病,可就算他们是病人,侵犯妻子权益的行为也不该被容忍。既然他们能在家庭之外做好社会的一员,照顾他人的感受,那回到家以后也应该这么做。可专家却建议妻子在丈夫回家后帮他疏解,因为有心理发育障碍的丈夫在外面承受了很大的压力。这与传统的妻子角色没有什么不同——帮丈夫缓解紧张情绪被视作妻子的职责,因为"男人一出门就有七个敌人"❶。莫非女人一旦成为"自己人",就会化身为方便好用的化粪池,可以无限处理各种污物不成?看到男人展现出这样的一面,女人无法再尊重男人不是理所当然的吗?我真想对男人说,要想得到女人的尊重,你就该表现得让她们可以尊重你。

说回"夜班"。男人既有高洁的,也有卑鄙的(女人也是)。同一个人格也可以既高洁又卑鄙。"我当女公关是为了积累社会经验,来店里消费的客人都是商界精英,受过良好的教育,

---

❶ 日本江户时代的俗语,指男人在外要面对多重挑战和压力。

举止得体，对我们也很体贴，我真的从他们身上学到了很多东西。"——持这种观点的夜班女性也不是完全没有，但我相信她们同样看到了男性讨人厌的一面，搞不好比值得尊敬的一面还要多。

我无意说"反正男人已经无药可救了"。因为说"男人没救了"或"女人没救了"和说"人没救了"一样，都是一种亵渎。人有可能是卑鄙狡猾的，但也可以是卓越崇高的。社会学家有看统计趋势的习惯，所以看到离婚男人不负责任的案例时，我们也会想："呵，男人真是没救了。"但并不是所有男人都这样。作家石牟礼道子笔下的男男女女是如此拼命，让我不由得感叹"人可真坚强"。一想到世上有中村哲医生❶这样的人，我便肃然起敬。他是肯定不会去花柳巷的。总之我们可以在书中遇到这样可敬的男女。

每次看心理学家霜山德尔的书，我都会被深深触动。[3]他留下了"自灯明"这三个字，意为"在黑暗中行走时，依靠微弱的亮光照亮自己的脚下"，而为点亮黑暗而燃烧的，可能是自己的生命。每个人摸黑前行，靠着仅有的灯光照亮脚下的画面浮现在我眼前。霜山先生也在他们之中。光是想到世上有过他这样的人，就觉得人生值得走一遭。

你反复问我"如何能对男人不感到绝望"，我之所以相信别人，是因为遇到了让我觉得值得相信的人，与他们的关系

---

❶ 在阿富汗开展人道主义援助长达三十年的医生，2019年因枪击身亡。

带出了我最纯净美好的一面。人的好与坏取决于关系。恶意会牵出恶意，善意则会得到善意的回报。权力会滋生揣摩上意与阿谀奉承，无助会催生出傲慢和自大。我看某人不顺眼，对方可能觉得我更讨人嫌。也许大家都有狡猾卑劣的一面，若想让自己心中的美好成长壮大，远离计较得失的关系才是明智之举。

你在上一封信里提到了"我不是女权"这个说法。想要和其他人分享对男权社会的气愤，却又不想被打上女性主义者的标签，也不想自称为女性主义者。话说我最近和摄影家长岛有里枝进行了一次对谈，刚巧聊到了 I'm not a feminist, but...（我不是女权，但……）。我曾为她的著作《从我们♂的"女生拍照"到我们♀的"女孩摄影"》❶写过书评，于是邀请她参加我担任理事长的 NPO 法人妇女行动网络（Women's Action Network，简称 WAN）的上野研讨组书评会。在会上谈论种种话题之后，她觉得意犹未尽，便邀请我进行了这次对谈。[4]

在对谈中，她讲述了自己和 90 年代崭露头角的其他年轻女性摄影师是如何与女性主义保持距离的。

90 年代的她恰好如你所说，是"觉得没有太大的必要批判父权制，因为在学习机会、就业环境等方面没有经历过显著的性别歧视，也觉得当受害者有些不合时宜"的女性之一，"尽

---

❶ 女孩摄影（girly photo），日记性质的生活快照美学，与男性镜头下的女性不同，这种摄影充斥着女性摄影师的个人语言和私人体验。

管曾受益于女性主义，但现在已经不需要它了"。当时已经有人喊出后女性主义一词，说受够了成天把"女性"挂在嘴边的日子，认为女性主义的时代已经结束。部分男性也说："你们还在嚷嚷这些啊，女性主义已经过时了。"从1990年到1995年，我出版了六册《新女性主义评论》，有人提议将书名定为"后女性主义评论"，市面上也出现了一些标题里带这个词的书，但我坚持认为："等一下，现在说'后'还太早。"当时"社会性别"这个术语尚未确立，性骚扰、家暴这样的概念都才刚刚普及。

　　数据明明白白地告诉我们，对女性的歧视并没有消失。在世界经济论坛的全球性别差距报告中，日本的指数排在第121位（2020年），这成了一张显而易见的底牌，仿佛水户黄门随从的一声大喝："你没看见这个家纹吗！"❶那时大叔还口口声声说什么"日本女人已经够强势，不需要再强势了"，可如今没有一个人敢说日本不存在性别歧视。而且前任东京奥组委主席森喜朗引发的一系列风波也足以表明，人们已经理所当然地将那种言论判定为"歧视女性"，无须在每次指出问题之前声明我不是女权了。

　　I'm not a feminist, but... 是有前史的。在妇女解放运动兴起的时候，许多女性都说过I'm not a lib, but...。言外之意，"我

---

❶ "水户黄门"是江户时代水户藩藩主德川光圀的别称，在民间传说中，他经常外出搜集民间故事，路见不平挺身而出。在改编的古装剧中，他的随从每次都会亮出绘有家纹的印笼，作恶之徒见了立马跪地求饶。

对她们的观点有些共鸣，但不希望被视为与她们一样的人"。运动参与者的声音被扣上"尖叫""丑八怪的歇斯底里"等污名，受尽揶揄。对那些说 I'm not a lib, but... 的女性而言，I'm a feminist 便是现成的名头。可能是因为和妇女解放运动相比，女性主义在历史上算是更正统的术语，听起来更知性文雅一些吧。解放运动的女杰还记着这份仇，所以至今仍然主张"妇女解放运动和女性主义不一样"，因为她们扛住了污名，进行了英勇的斗争，并为此感到自豪。由于被扣上了婊子、女巫之类的帽子，她们中的一些人甚至主动以"女巫"自居，组织"女巫音乐会"。

那些说 I'm not a lib, but... 的女性立即遭到了报复。因为女性主义也迅速被污名化。后来，随着"社会性别"这一术语的引入，有一批人表示"我是立场中立且公正地做性别研究，并不需要为此成为女性主义者"。要知道社会性别本就是描述男女权力关系不对等的术语，所以它不可能是"中立且公正"的。照理说女性主义应该是女性解放的思想和实践，社会性别研究则是实现这一目标的理论武器，两者相辅相成，缺一不可。只怪 gender 这个外来语太有迷惑性，还穿上了学术术语的外衣，使得一些人更中意社会性别理论而非女性主义。一群人认为"研究社会性别"比"研究女性学"更酷（当时人们普遍认为女性学是二流学问），于是又催生出了另一批人立场鲜明地说自己在研究女性主义。渐渐地，社会性别也被污名化了，在一波基于误解和曲解的反性别平等运动❶之后，旨在让"社会性别"失效的攻击开始了。

在此之前，政府文件中的"男女平等"就已经被晦涩的"男女共同参与"❷取代。全国各地的"女性服务中心"也都把招牌改成了"男女共同参与中心"。男性也被纳入到政策中，本就少得可怜的女性政策预算还得分一部分给男性，各地还办起了面向男性的烹饪班。与此同时，"女性已经足够强大，不再需要女性服务中心"的言论卷土重来，以至于各地都出现了撤并这些机构的趋势。女性服务中心是政府的下属机构，要想明确体现出设置此类机构的政策目标，叫"男女平等中心"恐怕都不够，叫"消灭女性歧视中心"才最有效果。无论女性做什么，都会被污名化，被打成二流，被视而不见，被打回原点。

我讲了很多社会性别研究领域的事情。在你看来，这一切似乎都发生在另一个世界。之所以说这些，是因为我觉得你们这一代人好像与这些运动全无交集。与团块二代的作家雨宫处凛对谈时[5]，她表示"女性主义连我的一根头发丝都没碰到"，这令我颇感震惊。女性服务中心的目标群体是本地的已婚女性，职业女性和单身女性却很难得到相关政策的支持，也没有针对

---

❶ 1999年，日本颁布《男女共同参与社会基本法》后，出现了大批反对者，他们认为促进性别平等的措施破坏了传统与家庭。
❷ 《男女共同参与社会基本法》声称要建立一个"男女共同参与的社会"。女性主义者认为这一用词刻意模糊了男女不平等的事实，实质是号召女性既要育儿又要工作，变相恶化了女性的生存境况。

她们的项目。社区的全日制市民和定时制市民❶在每天下午5点换位,双方没有任何交集。

那时候,我每次去地方上的女性服务中心,负责人都会感叹:"在这地方啊,社会性别这个词都没人听过。"但不了解社会性别和女性主义也没关系,只要年轻女性能自由自在地活出自己就行。我始终认为,是否自称女性主义者并不重要,关键不在于名头,而在于实质。

在长岛有里枝女士作为新生代女性摄影家登上历史舞台的90年代,日本也建起了东京都摄影美术馆,这意味着摄影在艺术界获得了公民权。刚从美国回来的笠原美智子女士也因此得到了大展拳脚的舞台,以策展人的身份积极举办了一系列围绕社会性别的展览。也正是她让我将视线投向了摄影界。1991年"走向名为'我'的未知:当代女性自画像"、1996年"社会性别:来自记忆的边缘"、1998年"Love's Body:裸体摄影的近现代"……光是列举这些展览的标题,便知她对工作是何等投入。她还有一本题目非常直截了当的著作,《性别摄影论:1991—2017》。但在这本书里,你找不到任何一位受杂志追捧的年轻女摄影家(如长岛女士、HIROMIX、蜷川实花女士)。我很想知道笠原女士这么做的原因,她恰好也同意评论长岛女士的书,所以我抱着期待参加了书评会。

在我与长岛女士的对谈中,我问她是否知道和她活跃在同一

---

❶ 全日制市民指儿童、主妇、老人、自由职业者等白天黑夜都在当地的居民;定时制市民则指需离开住宅去工作的人。

时期的笠原女士策划的展览。长岛女士表示，她当时就读于美术大学的设计系，完全没接触到那方面的信息，而且那时她沉迷电影，对这种展览也不感兴趣。我还问过另一位当年立志成为摄影家的女性，她回答"知道是知道，但没有深入了解"。在笠原女士积极发声的时候，她的声音却没有被最应该听到的人听到。

我不由得想：太可惜了！

可惜的不仅仅是以长岛女士为首的新生代摄影家没有与笠原女士建立联系。她们本该有机会看到笠原女士介绍的海外女性摄影家如何面对相同的烦恼和挑战并顽强地生存。"运动"就是这样产生的。女性运动也是运动，它形成的前提条件就是"我们女性"这一集体身份认知的确立。这种认知完全可以在想象的层面上与素未谋面的陌生人一同构建。我们也正是这样对外国女性的烦恼与痛苦产生了共鸣，喊出了#MeToo 的口号。

长岛女士说，当年的她对美国的"女孩文化"很有共鸣。书名里的"到我们的'女孩摄影'"最能反映这一点。我也会问年轻人是从哪里了解到女性主义，她们给出的答案往往是"从艾玛·沃特森的联合国演讲开始"或"从韩国的运动开始"。罗克珊·盖伊的《不良女性主义的告白》和奇玛曼达·恩戈兹·阿迪契的《我们都应该是女性主义者》都被翻译引进了，但我认为这些书的内容没什么新意，只觉得这些东西我们都说了半个世纪了。有些人称其为第三波或第四波女性主义，但我不认为这称得上范式转变，不足以改变人们看待世界的角度。

通过听取年轻人的观点，我深感比起缺乏信息或无知，对女性主义的排斥似乎才是导致她们与女性主义保持距离的关键。媒体一直在丑化女性主义，长期将女性主义者描绘成可怕的女人或讨人厌的女人，女性又从小被灌输与男人为敌会吃亏的观念……她们抵触女性主义的原因肯定是多方面的，但说到底，我们的声音似乎没有被听到。

也有人批评我们发声的方式不讨巧，传达信息的方式太糟糕。我只能说，不好意思，是我们太没本事了。2020年的WAN研讨会上，我们请到了日本妇女解放运动的旗手田中美津，请她围绕"女性主义改变了什么、没有改变什么，以及将会改变什么"进行演讲。[6] 她素来认为妇女解放运动和女性主义是两回事。她说，满口晦涩外来语的"纸上谈兵型女权"是没有用的，女人只有在失去理智时从心底发出的嘶吼才能被人们听到。问题是，田中女士的声音最终又被多少人听到了呢。时代变了。如今许多年轻人甚至都不认识电视界的女性主义者代名词田嶋阳子。

长岛女士那一代女性摄影家没能和女性主义建立联系，因为外部的男性视角将她们一并归纳为"女孩摄影家"，于是她们不得不说"我不是"。许多女性艺术家拒绝参加"女性与艺术"展，只要了解这段历史，便不难想象这群骄傲的创作者有多么不愿意被简单粗暴地归入"女人"的范畴。而"女人"是男性凝视下的"那个低劣（二流）群体"的代名词，这意味着女性自身也将这种布满厌女情结的男性凝视内化了。

对女性"分而治之"是厌女症古往今来的老一套。最近刚辞职的森喜朗的言论便是最新鲜的例子，极具代表性。他说："（我们的女性理事）很拎得清。"反讽这句话的话题标签#拎不清的女人#在社交平台迅速传播，令人颇感痛快。"拎得清"正是分而治之的关键词，拎得清的女人甘受侮蔑，拎不清的女人则会遭到制裁。无论被归入哪边，都是厌女症的结果。我在广大女性的发言中看到，有人说自己已经习惯拎得清。可是要知道，女性说出这样的话时必然伴随着疼痛。无论女性是否按男人的规则行事，都会受到伤害。但令人欣慰的是，不管拎得清还是拎不清，"我都是女人"——这一集体自称终于登场，声明差异的"我不是"被取而代之。

我不认为那些拒绝成为受害者、坚称"我不会受伤"的女性可以挣脱这种陷阱。话说你在信里提到了河合隼雄先生，这位大叔在很久以前对援交少女说"做这种事有害灵魂"。你还记得他发表这番言论时的情形吗？《制服少女的选择》的作者宫台真司反驳称援交"不会让灵魂受到损害"。我却觉得这两位半斤八两，男人应该停止为受害者发言，发动代理人战争。也许宫台先生在田野调查时听到有女孩说："我的灵魂不会受到伤害。"但是如你所知，信息提供者会下意识地对采访者潜在的期望做出反应。而且我们都知道，社会学领域的"动机词汇"有一种倾向，那就是人会选择更容易被对方理解和接受的词汇。听到你这个曾经的原味少女说，你对河合先生所谓的"有害灵魂"有些感触，我便想："哦，也许是吧。"希望有朝一日，这些当事人能够找到适当的语言表达她们的经历和情绪。当然，每一种经历和情绪都不会只有一种色彩，而是五颜六色的复杂混合物，包含了骄傲、自尊、惭愧和后悔。

不过话说回来。正如你所说，女权领域的站队问题着实教人头疼。一说"卖娼这行当还挺有意思"，就会被立刻认定为支持性行业。说"对出卖性抱有厌恶感"，就会马上被划入敌人的范畴。要知道人是一种复杂的生物，"我对××抱有厌恶感，所以才觉得它有意思"也是完全可能的。在关于表达自由的争论中，我属于女性主义者中鲜有的"反（法律）限制派"，因而被打成反女性主义者，AV行业的人也向我发难，而男性的"表达自由派"又误以为我是自己人。这种现象不仅限于女性主义的世界。追求"正确"的人往往不能容忍其他半点"不正确"的事物。人类的历史充斥着异端审判与猎巫。

但我一直认为，女性主义可以不受这些问题的困扰。因为女性主义是一个自我申报的概念。自称女性主义者的人就是女性主义者，女性主义不存在正确和错误之分。女性主义是一种没有政党中央、没有教堂和牧师，也没有中心的运动，所以没有异端审判，也没有除名。女性主义也不是什么智能的机器，只要把问题塞进去，它就会把答案吐出来……我一直都这么想。正因为如此，女性主义长久以来都是论战不止、热火朝天的言论竞技场，今后也不会变。可局外人还是不停地让我们站队，问"你是女权还是反女权"。多荒唐啊。干脆撂下一句话，"我就是我",随他们去吧。

因此,无论他们说我搞歧视、反日还是别的什么,都没人可以阻止我自称女性主义者,我也不打算摘下这个头衔。毕竟我从那些自称女性主义者的女性的话语中学到了太多太多。我发表的言论大多是借鉴来的,几乎没有原创。再说了,"女性主义"和"社会性别"在日语里也都是用片假名写的外来语。很遗憾,它们都不是日本女性的发明创造。

"社会性别"(gender)这一概念衍生自法语的 genre(类型、种类、性类型)。它起初是一个语法术语,与法语名词分阴阳的特征有关,跟英语没有关系。某次国际研讨会上发生了一件令我终生难忘的事情,一名面相尖酸刻薄的法国女性主义者对英语圈出身的世界级性别史学家琼·斯科特如此说道:

"英语里原本都没有社会性别这个概念。它跟你们有什么关系?"

在场的后殖民女性主义者佳亚特里·斯皮瓦克立即回应:

"管它是谁创造的,把能用的都用上就是了。"

斯皮瓦克是出身于前殖民地的知识分子,作为一名活跃在英语圈的学者,她没有放弃印度国籍。她接受的教育几乎都来自英语圈的知识,但她反过来利用这一点,表示要"举起敌人的武器对付敌人",如此果断的反应惊得我一时喘不上气来。斯皮瓦克是女性主义者,斯科特是女性主义者,那位提出刁钻问题的法国女士也是女性主义者。

在过去的半个世纪里,我见证了许多这般惊心动魄的时刻,也在这样的竞技场上得到了历练。"多亏有她们,才能有今天的我"——这个念头就是我坚决不摘女性主义头衔的理由。

有个说法叫"站在巨人的肩膀上"。哪怕你是个小矮人,只要站上巨人的肩头,视野便能宽阔许多。后来者永远都有站上前人肩膀的特权。岂有不用之理?不用就太浪费了……发出如此感慨的我也正是在挑战前人的同时形成自我,并终于意识到自己也正被逐渐嵌入历史。

2021 年 2 月 25 日
上野千鹤子

[1] 真行结子,《我老公有发育障碍?卡桑德拉型妻子如何抓住真正的幸福》,SUBARU 舍,2020 年。

[2] 船户优里,《致结爱 目黑区虐童致死案 母亲的狱中手记》,小学馆,2020 年。

[3] 霜山德尔,《霜山德尔著作集》(共七册),学树书院,1999—2001 年。第六册《多愁多恨亦悠悠》的解读为上野所作。

[4] 上野千鹤子,《摄影史的 herstory》,《新潮》杂志 2020 年 7 月号。对谈《连带(movement)很有趣》刊登于 2021 年 4 月号。

[5] 上野千鹤子、雨宫处凛,《世代之痛:团块二代问团块一代》,中公新书 La Clef,2017 年。

[6] 研讨会视频见 WAN 官网:https://wan.or.jp/article/show/9218

自由

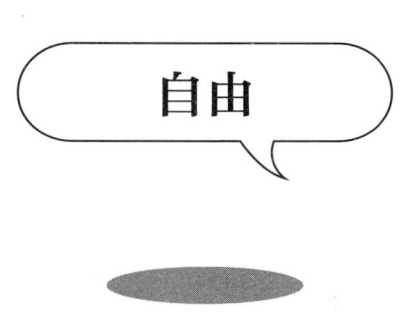

> 比起那些男性撰稿人替女性说话的作品，川端文学更有助于我们了解人性。

上野千鹤子女士：

在上一封信里，您真诚地回答了我一直以来最想问的问题——您见惯了男人的危害，也在书里指出了他们是多么可鄙，可您为什么没有对男人绝望，从不鄙视他们，也从不放弃与他们对话呢？很高兴能够听到您的回答。因为对三十多岁的我而言，当下的主要课题之一就是直面自己对男人的心灰意冷，所以我无论如何都想问个清楚。

会愤怒、会抗议，但不死心、不嘲笑。如今使用社交平台发起抗议的年轻女性也表现出了同样的态度。她们的一举一动促使我认识到，自己这些年是又死心又嘲笑，却很少愤怒和抗议。即便如此，我还是怀疑这有一半是因为她们还很年轻，还没有受到污染，所以才不至于对男人绝望。等她们过了三十岁，过了三十五岁，搞不好也会两手一摊，跟帖回一句"跟这种生物说什么都是白搭"。不过仔细想想，您和心理学家小仓千加子的书里都丝毫没有表现出"反正男人就是没救了，说什么都白搭"的态度，我却迅速陷入绝望，变得愤世嫉俗，也放弃了和男人对话，您的态度促使我想要开始直面自身的问题。

您在上一封信的开头指出："不难想象，夜班的教训之一就是让你学会了轻视男人。"确实如此，无论是在与您通信的过程中，还是在这些年的写作中，我都愈发认识到了这一点。这也许不仅和我的性格与夜班经历有关，还跟我此前的成长环境脱不开干系，总之原味店单面镜后那些男人的可悲样子一直是我看待男性的起点。之前也跟您提过，我心底总有些鄙视他们，觉得不可能跟那群动物相互理解，也懒得跟他们平起平坐。

我上次在信里说对河合隼雄先生所谓"有害灵魂"的说法还是"有些感触"，也跟这种想法有一定的联系。无论是援交的时候，还是上夜班、卖娼、拍片的时候，置身其中时，我完全不明白"有害灵魂"是什么意思，简直一头雾水。所以我很理解那些接受宫台真司先生采访的女孩为什么会说"我不会受伤"。如果当年碰巧在涩谷与他擦肩而过，我大概也会这么回答。

这已经是我从 AV 界隐退的第十五个年头，告别俱乐部和夜店也有整整五年。事到如今，我好像有一点点明白"有害灵魂"指的是什么。且不论"灵魂"或"有害"这两个词是否贴切，长时间近距离目睹人们（尤其是男人）在平时的社会生活中不会暴露出来的一面，了解到自己的生意在结构上有赖于他们可鄙的那一面，好像确实会让本不至于失去的希望和信任以惊人的速度消磨殆尽。也许我们可以将这种现象简单归纳为"变得世故"或"认清现实",但这样可能会让人从根本上丢弃对他人的尊重。

最近我一直在想,我从十多岁开始苦苦寻觅的不能卖娼的理由也许就在这里。人们对卖娼的厌恶,以及父母对女儿卖娼的抗拒,可能不仅仅出于不检点、危险、玷污自尊之类的理由,还因为他们担心这可能扭曲我对他人的尊重。在我出入原味店的时候,大人只会禁止和劝诫,却从没给出明确的理由。我一直希望自己长大以后可以用简明易懂的话语把这个问题讲清楚,直到最近才看到了些许曙光。您在信里指出,说"反正男人已经无药可救了"是一种亵渎,我很庆幸能看到这句话。

我对男人的灰心说好听点是教训,说白了其实跟后遗症差不多。当然,就算能感觉到它的存在,也很难轻易扭转自身的感知方式,调整人生态度也绝非易事。您说"我们可以在书中遇到可敬的男女",这句话点醒了我。照理说,作为一个爱书人,我肯定也在书中看到过可敬的人,然而在我的印象中,阅读更像是一种见证人性丑恶和愚蠢的行为。上高中时,我爱看川端康成和志贺直哉,还有三岛由纪夫和陀思妥耶夫斯基,那些书里的男人是那样自私、病态、愚蠢和不可救药,相较之下,原味店的顾客都显得可爱了。那时我甚至认为,爱上这份愚蠢是与世界对峙的唯一方法。现在回想起来,大概我小小年纪便容易绝望,或者说习惯先接受愚蠢的一面。

说起来,我没听说过卡桑德拉综合征,但有很多朋友苦于所谓的精神暴力(不管对方是否有发育障碍)。无论是过去还是现在，我身边都有男人粗暴对待妻子或女友，用语言暴力伤害对方尊严从而获得快感。"可我都这么大年纪了，该要个孩子了"，"不想变成孤家寡人"——朋友有时会找这样的理由接受他们，也许她们内心和我一样死心了，认为"反正其他男人也差不多"，"反驳抗议也没用，他们是不会改的"。而一旦认定男人是不会改的，女性主义言论也许就会变得干巴巴、空洞无力。

妇女解放运动、女性主义、社会性别……和污名化的无谓拉锯让我们错失了宝贵的机会，也使女性之间产生了种种误解，我痛感这是一段充满苦难的历史。我也同意您的观点，看到《不良女性主义的告白》和《我们都应该是女性主义者》在今天成为畅销书，我感觉不到丝毫新意。"拎不清的女人"这一口号跟《青鞜》提出的"新女性"概念一模一样，社交平台上对女性主义的抨击与当年对妇女解放运动的抨击也是如出一辙。

面对此情此景，您和其他前辈肯定会觉得"这些东西我们都说了半个世纪了"，但我认为最大的区别在于参与者的广度和数量。社交平台上的女性主义言论不再是少数知识分子的专利，也不再是宽裕的家庭主妇或精英职业女性的特权，它对所有阶层的人而言都触手可及。比如，拒绝按公司规定穿高跟鞋的运动就不可能在那些从未被迫穿高跟鞋的知识分子中诞生。我个人认为社交平台的存在有利也有弊，但它至少让这样的运动更加普遍。随着类似的运动不断重复，这个圈子便能在离心力般的作用下不断扩大,这样一来,就算这些重复和五十年前相比看似毫无新意,我觉得也有很大的意义。

我和雨宫处凛女士既不属于第一批流着血开启女性主义的那一代人,也不属于咬牙承受重复的艰辛、努力把圈子扩大的当今一代。或许更贴切的说法是,我们任凭自己随着因反作用力而往回走的摆子,做了开倒车的帮凶。我无意自卑。恰恰相反,我觉得我们这一代人也有强大之处,那就是我们每一个人都能认识到女性被置于何种立场,也曾追求这种立场。尽管不可能轻易实现公平,但我们这一代人立足于年轻女性和抨击者的夹缝中,两边的观点都能理解一点。

给我带来种种刺激的通信已经进行到倒数第二轮。姑且选了"自由"这个主题,我早就想和您聊一聊关于表达自由和"正确"的问题。

看到奥组委的一系列风波,我对森喜朗之流的言论仍然横行于世颇感无语,但之后爆发的抗议和反驳又带来莫大的鼓舞,让我觉得这样的言论好像已经不再那么可怕。因为今时今日,各个年龄、阶层、立场的女性都可以发出反驳的声音,表达的自由似乎也迎来一线希望。

我勉强算靠笔杆子吃饭的人,所以难免对限制表达的措施做出过激反应,基本上把表达自由看作金科玉律,但我也觉得,当处于困境的人和弱势群体被剥夺了发声机会,能够表达的人的自由受到一定限制也是没办法的事情。因为,有地方自我表达的人若没有意识到这一点，就迟早会面临法律出手干预的棘手局面。不过我也坚信，如果我们能建设一个抗议更容易扩散、弱者声音更容易被听到的社会，表达就能获得自由。

最近接连发生了多起网友抵制广告的事件，这些广告带有性意味或宣扬陈旧的价值观，被网友骂上热搜，最后被撤下。加上2019年爱知三年展的审查风波❶，人们普遍感到表达越来越艰难，社会上的麻烦事也越来越多。这一倾向在电视界尤为明显，企业和杂志也自暴自弃，嚷嚷着"我们都成了软脚虾"，哭哭啼啼地做些不会被骂的保险内容。最近还冒出来一批不可思议的男性撰稿人，他们仿佛成了女性的发言人，每次闹出全网痛批的事情都要插上一嘴，甚至有人揶揄他们是"职业女性主义者"。

当然，我们应该让人们在抗议中认识到自己无意识的歧视性表达和对他人的无意伤害，但我个人认为，如果人们因为容易遭到抗议就憋屈地限制表达自由，那就很无聊了。诚然，我们不能放任仇恨言论这种明显会造成伤害的东西，尽管"怎么样算仇恨言论"这个最根本的问题始终存在。但现在已经有很多人获得了发声的机会，我觉得这在某种程度上让表达者更容易在无知无觉中施加伤害。

我认为，针对某种特定表达的抗议活动可以尽情搞，想搞

---

❶ 在爱知县三年一度的国际艺术展上，一个名为"表达不自由展·其后"的展览公开了曾在日本展出但被撤下的作品，其中有韩国摄影师安世鸿拍摄的"慰安妇"等。展馆收到大量恐吓信息，开幕不过三天，主办方以"保障观众安全"为由关闭了该展区。

多少都没关系，但近年的事件都沿着"被骂→道歉＋删除"的老套路发展，这让我感到担忧和沮丧。与其说我是对这种趋势恼火，倒不如说我是对媒体有点恼火，因为媒体渐渐无法区分"尖锐而有趣的观点或抗议"与"单纯的找茬"。

我感到，即便只是遭到小规模的抗议，人们也会过度畏惧事情会酿成新闻，想假装无事发生，于是随随便便就把有问题的东西删掉了，到头来什么都没学到，毫无长进。社交平台上充斥着暴力的谩骂，而在讨论的第一线，我看不到丝毫捍卫表达的气概。在抗议者越战越勇的时候，我本希望捍卫表达的声音会更响亮，可最后只有匿名的谩骂屹立不倒，活力充沛。

那些要求删除问题发言的谩骂多少也有些问题，但我认为在更多的情况下，是那些本该自信表达的人对政治正确过敏，助长了"多一事不如少一事主义"。有时我甚至觉得仇恨言论的罪孽相对变轻了，因为网友会以同样的方式抨击那些伤害他人的仇恨言论，以及因不恰当、不符合时代、灌输不良价值观而产生争议的表达方式。

诚然，回看二十年前的电视节目，我们会发现许多教人瞠目结舌的表达。有一次，我在父母家处理积攒的旧录像带时，一口气看了好几期初中时认真录下的音乐节目。女歌手说"我从没碰到过色狼"，主持人回答"那是因为你没有胸"，观众和歌手都笑着说"好过分哦～"……这样的一幕怕是永远不会重演了，这也是因为广大男女都成熟了。曾经广受欢迎、以揶揄男同性恋为主题的小品被再次搬上屏幕，结果遭到观众抨击的事还历历在目。某谐星在深夜广播节目中发表的争议性言论也一样，换成他年轻的时候，怕是不会激起丝毫水花。

"想法变得成熟"和"变得软弱"之间只有一步之遥，但我有一个奢望，希望大家能够形成一种认识：适当的抗议对表达者来说也很可贵。我希望抗议者不要满足于无谓的道歉和删除，而要激发出更深层次的讨论。令人反感的种种愚蠢表达即便没有沿着老路立刻道歉删除，也会因为人们不准备讨论它们而被淘汰。最重要的是，我觉得这样可以避免大家错误地把歧视女性的表达和凸显人性愚蠢的精彩表达混为一谈。

自由和正确总是有冲突的，也有许多表达在众人的惋惜中被禁播禁售。不是所有的东西都应该得到保护，抗议也不都是合理的，我甚至觉得试图建立某种标准也很荒唐，但仍然希望人们更果敢地发出适度的抗议，并且更勇敢地接受抗议。

川端文学中的男性角色在部分女性活动家中口碑极差。诚然，他们的形象有时与"正确"相距甚远，但我至少认为，比起阅读自以为什么都懂、替女性发言的男性女权撰稿人那些不痛不痒的专栏文章，看川端文学更有助于我们了解人性。我总觉得抗议者好不容易得以发声，表达自由的捍卫者却只剩下"憋屈"这一句牢骚，什么都说不出来了。

2021 年 3 月 11 日

铃木凉美

> 人性中的卑劣和嗜虐永远都不可能消除。但社会的原则正在改变。

铃木凉美女士：

在最近这两封信之间，因为森喜朗辞去东京奥组委主席一事，各路媒体都来请我发表评论（其中还包括一直以来都跟我没什么缘分的体育报）。为了应对各种采访，我度过了异常忙碌的一个月。

说来丢人，森先生其实算我的师兄，我们都毕业于石川县某公立高中。北陆地区堪称保守王国，各地都以"家乡出过首相"为荣。这件事发生以后，我也打听了一下当地人的反应，据说有很多人表示同情，说什么"这番言论很有老森的风范""他大概是想活跃气氛，结果一不留神讲了真心话"。总的来说，大家普遍为他可惜，认为他本该以奥组委主席的身份成为开幕式上的标志性人物，为其政治生涯画上圆满的句号。

这次辞职闹剧最大的成果，就是没有出现铺天盖地的"又来了""唉"和"说了也没用"。众所周知，森先生多年来经常发表不合时宜的问题言论，比如"日本是神的国度"等。这次的言论也丝毫不令人惊讶，大家都觉得"他会说这种话再正常不过了""他果然又口无遮拦了"。被迫辞职后，他还马不停蹄地多方打点，好把自己定的人选送上那个位置，行事风格一如既往，足见他完全不明白问题出在哪里。他抱着那样的信念活到了八十三岁，事到如今要改恐怕也难。但作为一个公众人物，他可能没有意识到社会对性别歧视的容忍度在过去几十年里发生了天翻地覆的变化，不然就是周围人为他营造了一个意识不到也无妨的环境。

有人说是国际压力迫使他辞职，但我认为原因不止于此，是国内外的舆论促成的。话一说出，马上有人在线上签名请愿网站 Change.org 等平台发起了多项签名请愿运动，迅速收集了超过十五万个签名。社交平台上出现了 # 拎不清的女人 # 这一话题标签，引来各路网友发布推文。到底是谁最先借用他说的"（我们的女性理事）很拎得清"，反过来想出了"拎不清的女人"这个标签呢？真是绝妙。

在独立媒体 Choose Life Project 发起的研讨会上，一名与会女性表示："我为自己习惯了拎得清而深刻反省。"女性说出这样的话时必然伴随着疼痛。我感觉，要求森喜朗辞职的呼声之所以如此响亮，不仅因为他的个人素质问题，也不仅因为奥组委的组织文化（在场的其他成员都被他逗笑了），更不仅因为体育界和权柄、政坛纠缠不清，以至于广大现役运动员清一色地保持沉默。关键在于广大女性将这件事和自身经历联系了起来，这一点扩大了愤怒的基础。日本橄榄球协会有史以来第一位女性理事稻泽裕子坦言,"发言时间太长"的那个人"就是我"。她在接受《朝日新闻》采访时回答:"置身于男权社会之中,我经常遇到放眼望去只有我一个女性的情况,所以别无选择,只能跟着一起笑。"[1]肯定有很多女性有同样的遭遇。在那样的环境下,她们不笑不行,只能随大流。除了愤怒,她们更厌恶随大流的自己,悔恨得紧咬嘴唇。这件事也足以表明,无论吸纳多少女性成员,只要她们都是拎得清的女人,组织文化就不会有任何改变。

拎不清的女人的怒火将手握重权的森喜朗硬生生拉下马,这说明女人的愤怒绝不是无力的。我还敢大胆预测,这次的成功经验将成为未来人们判断"说什么话算越界"的标杆。

不出所料,组委会再次因性别歧视言论成为媒体的焦点。据报道,开闭幕式的创意总监佐佐木宏提议,让女艺人渡边直美扮成Olympig(奥运猪)从天而降。让渡边女士变身为猪的"创意"本就毫无幽默可言,一点也不高明。万幸的是,在团队成员的反对声中,他撤回了这项提议。既然森喜朗的言论是无法容忍的,那么佐佐木的提议当然也一样。据说这位佐佐木先生还曾是广告巨头电通的顶尖总监,创作过不少热门广告。但事实摆在眼前,大型广告公司因为制作性别歧视广告遭到抨击的例子比比皆是。第一广告社请女演员坛蜜为宫城县拍摄了一则广告,性暗示随处可见。在博报堂为鹿儿岛县志布志市(以养殖鳗鱼闻名)制作的广告中,名为"鳗子"的少女穿着学校泳装说"养我吧"。照理说作品要经过多道检查,难道就没有一个人看出问题吗？纳税人有权感到愤怒，因为支付给这些大型广告公司的高额制作费都出自税收。

我可不想以"表达自由"的名义为这些性别歧视广告辩护。我反对的是法律层面的限制，但不反对市民层面的批评。我同意你的观点，"针对某种特定表达的抗议活动可以尽情搞"。不过你后面跟了一句"近年的事件都沿着'被骂→道歉＋删除'的老套路发展，这让我感到担忧和沮丧"，我却觉得是总算走到了这一步。你说"媒体渐渐无法区分'尖锐而有趣的观点或抗议'与'单纯的找茬'"，但不惜直面抗议和挑刺也要守护到底的"尖锐而有趣的观点"到底在哪里呢？佐佐木先生的奥运猪根本不值一提。这些年遭到抨击的性别歧视广告都是活该挨骂，一点都不冤枉，站在媒体的角度看，迅速撤下也是正确的判断。试想一下，换成短短几十年前，提出批评的人怕是会反过来遭到抨击，被扣上"吹毛求疵"的帽子（即使是现在，社交平台上也充斥着这种垃圾回帖），批评的声音搞不好都会被扼杀。你说"对政治正确的过敏助长了'多一事不如少一事主义'"，我觉得这样就挺好。这证明，关于什么是政治正确的"常识"终于普及了。不了解何为政治正确就说它"老土"还为时尚早。而且我们有必要明确区分你所说的"多一事不如少一事主义"针对的是谁。如果它针对的不是权力（胳膊拧不过大腿），而是对女性和性少数等少数群体的批评，那就应该被称为必要的"考虑"，而非"多一事不如少一事"。

当"性骚扰"入选年度流行语的时候，有人批评道："身体接触是职场的润滑油，要是不加点油，办公室里的气氛会很紧张。"一位在餐馆兼职的年轻女性也告诉我："最近男同事跟我说话都小心翼翼的，感觉大家都有点提心吊胆。"我对她说："你想想，如果他们不对你小心翼翼会怎么样？男的小心谨慎一点刚刚好。"他们"自然而然"的"无心之举"完全有可能是不折不扣的"性别歧视"。"是否有意为之"并非判断歧视与否的依据。

你说你气他们"随随便便就把有问题的东西删掉了，到头来什么都没学到，毫无长进"。没错，他们十有八九是"不会长进"的。森先生说他挨了孙女的数落，但他大概还不明白自己说错了什么，恐怕永远也不会明白。佐佐木先生说不定还在心里嘀咕："切，好不容易想到一个这么有趣的点子！"向团队提议时，他八成也是这么想的——"哎，你们快瞧瞧，这个主意怎么样？很有意思吧？"如果在场的人发出附和的笑声，搞不好那个点子就被采纳了。但是坦白说，这并不好笑。好笑的前提条件是突破常识、出人意料，但这些年遭到抨击的广告在我看来都不好笑，尽管创作者对他们的提案颇有信心，客户也是使劲砸钱。

究竟是什么变了？是社会的原则变了。我认为，社会变革变的不是真心话，而是原则和场面话，而且能到这一步就已经是极限了。森先生和佐佐木先生可能没有认识到问题所在，但他们至少应该学到了一点：不能在公开场合发表那样的言论。性骚扰者多为惯犯。他们肯定几十年来一直在做同样的事情，只是偶尔有一次遭到女性的指控，于是惊愕不已。我不同情他们，却能理解他们的困惑——"我一直都是这样，怎么会有问题呢？"没错，同样的行为在三十年前会被容忍，放在今天就不行。我只能说"问题就出在你对时代大环境的变化太不敏感，所以受到了惩罚"。

美国爆发了"黑人的命也是命"运动。那个国家在半个世纪前才刚刚通过承认黑人权利的民权法。当被问及"种族歧视是否会消失"时，一名美国知识分子回答NO。同理，如果有人问我"对女性的歧视是否会消失"，我恐怕也只能回答NO。消除歧视性的情绪难于登天。但许多人已经长进了，知道公开场合的歧视行为不仅越界，而且违法，会遭到起诉和惩罚。如果无可争辩的"令人反感的种种愚蠢表达会因人们不准备讨论它们而被淘汰"，那么在"抨击→删除"这一毫无意义的循环发生之前，人们就能及时发现问题，将其剔除。

就在我写这封信的时候，朝日电视台《报道Station》节目的网络广告[1]也走了一遍"抨击→删除"的流程，不知你看过没有。广告上线不过几天，一眨眼就走完了这个循环。那是一群成年人的心血结晶，他们肯定觉得片子发布以后能收获不错的反响，奈何我无法从中感受到丝毫的幽默与诙谐。这种水平的表达根本没有什么可辩驳的。不过话说回来——在广告发布

---

[1] 广告内容是一名年轻女性的自白："公司的前辈刚休完产假，带着孩子来上班，小宝宝太可爱了！有个政客在嚷嚷'性别平等'，什么嘛，现在喊这种口号也太过时了吧。"该名女性还就消费税、日本债务等问题侃侃而谈，接着，字幕出现一句话"这家伙原来在看新闻节目呀"。有人批评这暴露出广告方轻蔑女性，认为她们一般不看新闻，无法进行此类对话。

之前的制作过程中，制作方内部怎么就没能发现问题呢？这着实令人费解。

因此，我完全无意以"表达自由"的名义为"抨击→删除"的性别歧视广告辩护。因为它们不配称作"表达自由"。

不过确实有一批人曾奋力争取"表达自由"。那就是促成了2019年爱知三年展"表达不自由展·其后"的人。这场展览不仅受到了口头抨击，还有电话骚扰，甚至收到"带着汽油罐上门"的威胁，总之都是不可理喻的暴力行为。主办方决定在做好万全准备之后重启展览，最终得以平安落幕。如果他们选择多一事不如少一事，定会轻易屈服于暴力。

人性中的卑劣与嗜虐、优越感与嫉妒心恐怕永远都不可能被消除。就连我都会一怒之下破口大骂"我非要宰了那个混蛋不可"，这辈子都不知道宰过多少个了（笑）。但我绝不会在公开场合说这种话，当然也不会付诸实践。有一次，某自由派学者当着我的面说"看到杀人的场面就会勃起"，令我惊愕不已。我惊愕并非因为他"看到杀人场面就勃起"这一事实（这太寻常了），而是因为他敢耿直地对我这个比自己年轻的女人说出这种话。

如此想来，我百分之百同意你在结尾表达的观点——"川端文学中男性角色的形象有时与'正确'相距甚远，但我至少认为……看川端文学更有助于我们了解人性。"你说"川端文学中的男性角色在部分女性活动家中口碑极差"，我大概也是"部分女性活动家"之一吧。川端文学读起来确实让人不爽。

我在《雪国》的主人公身上感受到了一个自视甚高的男人玩弄纯情女人的自恋，《睡美人》就更不用说了，在我看来简直是一部利用迷奸药（下在饮料中使女性不省人事的安眠药）进行性骚扰的小说。所以我与富冈多惠子女士、小仓千加子女士合著了一本《男流文学论》表达这种不爽。文学界是一片狭小的池塘，从外界扔进池塘的小石子会激起阵阵涟漪。此书的反响褒贬不一，也不乏带有误解的批评和反感。文学评论家与那霸惠子对《男流文学论》的点评与你的观点有异曲同工之妙。

> 如果认为吉行淳之介❶将"歧视女性"的思想当成小说的写作方法，那么引起她们（《男流文学论》的作者）厌恶的小说表达难道不就是创作的胜利吗？被迫阅读一本把彻底的仇女作为方法的小说，我们可以反过来发现"男人"。这是一个奇妙的矛盾，批评在这一语境下变成了认可。从这个角度看，这部作品反而让我再次认识到了男性作家小说的有趣之处。[2]

在种种评论中，女性主义文学批评家水田宗子的批评最切中核心。

> 男性作家不理解女性，没有准确地描写女性，没有把

---

❶ 吉行淳之介（1924—1994），颓废派作家，通过描写男女关系，探索人生的存在、怠倦和丧失。

女性作为人来描写。这个观点本身是正确的，但是用作批评男性作家就有些偏题了。这是因为男性作家对现实中的女性感到失望，才会追寻梦想中的女性，并描绘出内心的风景。……男性作家将梦想自说自话地托付给女性，并自说自话地诠释女性，但正因为他们梦想中的女性与现实中的女性之间存在鸿沟，男性的内心风景才会如此绚烂多姿。……他们的作品是男人一手缔造的"女性叙事"，一览无余地展现了男人内心的风景，而这实则是"男性叙事"。[3]

如此想来，男性作家的作品赤裸裸地展示了他们的软弱和愚蠢，这是多么凄惨、多么耿直。三岛由纪夫的《假面的告白》是戴着"假面"却诚实到教人心头一颤的告白，川端的《睡美人》也是认识到衰老的男人对性不加修饰的坦白。

我对吉行淳之介一直心存芥蒂，所以在《男流文学论》的开头便提到了他。但我对吉行这个人并无怨恨，问题在于当时沉迷阅读吉行的男人，他们开口闭口就是"想搞懂女人就去看吉行"。他们认为吉行特别懂女人。事实上，也有不少女人为了搞懂女人去看吉行，尴尬到我无法直视。他描绘的女人是男人幻想中的女人，反过来说，女人只要了解活在这些幻想中的男人的自私和与之形影相随的软弱，她们就可以配合他们的剧本一起演戏，或是背叛他们，动摇他们……总之女人也能有所收获。从这个意义上讲，男人非常诚实，直教人惊呼"把底牌都亮出来不要紧吗"。以掏心挖肺的诚实写就的作品，就是出色的文学作品。

文学作品中充满了凄惨的谋杀和性暴力，但没有人嚷嚷着要禁止它们。现实和表达之间的关系非常复杂。有时候，正因为人们在表达中做出了犯罪、杀人、虐待之类的事情，才不至于在现实中这么做。也正是通过这些表达，我们才能深入学习男人、女人和人。这就是为什么我是女性主义者中少有的"表达自由派"。因为我认为想象力是无法管控的。

但这并不妨碍我对某些表达产生不快，我也不阻止你以令人不快的方式进行表达。不仅如此，我还会捍卫你这么表达的"自由"。但我对你的表达感到不快，并将这种不快表达出来也是我的"自由"。我反对的是法律限制、政治干预等来自公权的压制。迄今为止的"抨击→删除"都是市民活动的成果，而不是行使公权的结果。

说到表达自由，我也算日本学术会议问题❶的当事人之一，毕竟我曾是会议成员（现在仍是合作成员）。我与佐藤学先生、内田树先生共同编著了《学术自由危在旦夕》一书。电影导演和艺术家也对这个问题颇有共鸣，因为他们担心学术自由的危机会直接导致表达自由的危机。学术界有所谓的御用学者，也

---

❶ 2020年10月，日本学界顶级机构日本学术会议提交了105名换届会员推荐名单，有6名没有得到时任首相菅义伟的任命，这6名学者都曾反对安倍政府安保法案。

有鼓吹荒谬理论的人，但一定会有人跳出来反驳，没有逻辑和证据支持的理论也会被逐渐淘汰。决定"何为正确"的既不是权力，也不是少数服从多数。我对学术界抱有希望，因为我相信学者的相互批评是公正公平的，建立在信息公开与程序透明的基础之上。

2021年3月25日
上野千鹤子

[1]《橄榄球协会首位女理事坦言:森喜朗"说的是我"》，2021年2月4日。https://digital.asahi.com/articles/ASP24628ZP24UTIL040.html

[2] 与那霸惠子，《〈男流文学论〉书评》，*DaCapo*，1992年4月号。

[3] 水田宗子，《逃向女人与逃离女人》，《故事与反故事的风景》（田畑书店，1993），收录于井上辉子、上野千鹤子、江原由美子等编《新编·日本的女性主义7：表达与媒体》（岩波书店，2009）。

男人

> 看似"拎得清",
> 其实一直在抗争的女性斗士肯定积累了某种成果。

上野千鹤子女士：

我们聊女性主义的信件登上杂志的那个月发生了一连串的事情，森喜朗辞职、奥运会开幕式风波、《报道 Station》节目的广告问题……这令我再次痛感，能与您通过信件实时探讨这些话题着实幸运。一眨眼，便迎来了最后一轮。

今年我将迎来三十八岁生日。我认为自己作为作家和人都还很年轻，但和学生时代相比（那时的我可以吸收一切，见谁都咬），对事物的看法确实有些固化。对自身的性格与情绪也有了某种定论，看新闻时也有了某种既定的立场和感受，意外的惊讶和新鲜感明显减少，不太会有"原来我会对这种事情生气啊""原来我会被这样的话伤害啊"的新发现。对社会、掌权者和男性的期望和理想已经降得很低，不会再因为一点小事产生新的伤口，这恐怕也是我变得拎得清的原因之一。而您在通信之初便指出了我的世故圆滑，让我"痛了就喊痛"。是您的信帮助我解开了思想上的疙瘩。

您在上一封信中写道:"我认为,社会变革变的不是真心话,而是原则和场面话。"这正是我通过这一年通信转变的一个观点。想必很多人都能切身感受到,人的行为可以改变,情感和思想却不行。长久以来,我一直认为即使男人的行为多少得体了一些,他们心中龌龊的歧视心态和情绪也不会改变,遮遮掩掩的反而让我恶心。当然在现实世界中,只是嘴上说两句"巴不得扔石头砸你"总比一边骂"妓女"一边扔石头要好。如果可以的话,最好只在脑子里想想,说都不要说出来,把那些念头统统带回家去。不过,看到他们出于社会需要挂上假惺惺的微笑,我还是有种毛骨悚然的感觉。

在 AV 行业期间,我有时也会为影片内容的无聊而苦笑,同时感叹人的欲望是多么愚蠢。在外界抗议和行业的自救努力与自我约束下,这个行为多少得到了一些整顿,开始禁止演员穿水手服,一度流行的严刑拷打类的作品急剧减少。但水手服被禁,便换成西装和堆堆袜。不准用针刑,就改用水刑……这一桩桩一件件我都不难想象,最根本的欲望并没有什么变化。我上高中的时候都没有"JK 经济"❶这个词,原味店遭禁之后,就冒出了观赏女高中生穿迷你裙折纸鹤的店。速配网站成为卖淫的温床后,又催生出了更高明的黑话。这些变化,我都近距离见证了。

虽然存在禁止卖淫的大原则,但日本情色产业总能迅速适应原则的变化,于是禁止插入行为的风俗店和干爹介绍业异常

---

❶ 涉及女高中生的灰色经济。

繁荣。我反省了一下，也许是这样的环境让我对原则的力量越来越不屑。直到今天,我内心仍有一半认为,男人即便遭到抗议,也只会换一种更难发现的巧妙方法而已，他们的欲望本身并没有改变。不过我从来没有被人扔过石头，没有遭受过警察的不正当暴力,"AV女就不该上报纸"的声音也比以前少多了（原来偶尔能听到一些），这都得归功于社会变革带来的变化，至少在原则层面实现了巨大进步，但我忘记了这一点。尽管我仍然有些担忧恶心的真心话失去发泄的渠道，但此时此刻，我终于感觉到社会原则的改变减少了自己受伤的次数，这是不可否认的事实。

还记得几年前，某周刊登出了一篇文章，题为"好睡的女大学生排行榜"，一位女大学生对此愤然抗议。她不光投诉，还要求与刊登文章的编辑部公开讨论，并指出了自己认为问题出在哪儿。她的做法得到了很多人的支持。编辑部也没有偷偷摸摸撤下文章，而是真诚地给出回应，承认哪些企业文化与习惯有问题，并诚挚道歉。且不论雅虎等网络新闻媒体在众目睽睽之下解剖自身文化这件事的意义，这个案例相当耐人寻味，因为它揭露了媒体的内情，让我们认识到很多媒体人一直在惯性的驱使下做自己都不觉得有趣的选题。尽管我与抗议的那位女生有不同的观点和立场，但我在上一封信里说的"尖锐而有趣的观点或抗议"其实就跟这件事有关，而"找茬"二字背后则是耐克公司请科林·卡佩尼克（他为了抗议种族主义拒绝在演奏国歌时起立）代言时，以特朗普支持者为首的一群人大加抗议并抵制耐克之类的事例。

前者算是程序正规、公平公正的抗议形式，可即便如此，"真心话"还是不会改变。我在那本周刊上开了连载，所以再清楚不过。不过业界确实因此出现了新的变化，在报道援交、风俗业等题材时更注意表达和采访的方式，这应该有助于减轻人们受到的伤害，所以我现在认为这是一场有意义的运动。可也正是从那时起，杂志社频频要求我连载时别拿性别问题（好比这一次的《报道 Station》广告问题）做文章，我对此还是略感烦躁，只觉得"你们到头来只是道了个歉，把东西删了，拍拍屁股溜之大吉而已"。

大概是上一封信有些词不达意，其实我并不是要为引起特定人群反感而遭到抨击的表达辩护，也不认为"抗议最终导致表达者道歉删除"有什么问题，但我觉得森喜朗那样的无心之言和引发抨击的广告或海报在性质上还是有一点区别，毕竟广告的创作者肯定抱有某种意图。我可以理解人们看了《报道 Station》的网络广告之后为什么觉得不舒服，但仅仅观看广告肯定无法完全理解创作者的想法，眼看着还没把这个搞清楚，广告就被撤下了，我总觉得哪里不对劲。

露骨的性表达是为了吸引谁是很明显的，可这次《报道 Station》的广告我翻来覆去看了好几遍，也无法理解制作方到底想表达什么。天知道他们是想博观众一笑却冷了场，是在反讽时局，是想引发某个群体的共鸣（那他们想要得到谁的共鸣呢），还是想攻击什么东西。拍出这支广告的人在学生时代肯定也有远大的理想，想制作出打动人心的影像，或通过有趣的作品撼动世界，可我心里还是会嘀咕，既然你都没什么好反驳的，说撤就撤，那还不如一开始就别发出来。反过来说，如果你有无论如何都想抛给世人的疑问，即使那是与时代相悖的价值观，我也愿意听上一听，流于表面的道歉我反而不感兴趣。而且我也希望，这个社会能对创作者的反驳敞开胸怀。

我选了"男人"当最后一轮的主题。其实编辑最开始联系我，问我有没有兴趣参与这次的书信连载时，我还有些忐忑，心想：标榜自己是女性主义者、积极发声的年轻女性那么多，她们中肯定有很多人想直接向上野女士提问，选我真的合适吗？但我还是不想放过这个机会，因为在我和同龄人心中，对男性的信任好似风中残烛，已然消失殆尽，而我想把这次连载变成一个契机，促使大家思考如何重拾这种信任。能通过书信了解您为何能在质疑传统男权社会价值观的同时，不放弃他们，不屈从于"反正男人就是没救了"的态度，这对我而言是莫大的收获。您指出，说"反正男人就是没救了"是一种亵渎，这让我对自己的态度做出了深刻反思。

可话又说回来，到这个年纪，我们有没有可能从未产生"男人没救"的念头？我觉得有这样的心态也在所难免。诚然，对轻微不适和较小伤害视而不见的态度是懦弱的，无助于缩小性别差距，也无法发动费时费力的抗议引起社会变革，只会对森喜朗和冈村隆史的言论左耳进右耳出，任"拎得清"的态度蔓延。在制度层面上，我们这代人至少可以跟男生读一样的学校，上一样的课，进一样的公司，但现实中，援交和夜店陪酒女郎又十分流行。

采取这样的态度恰恰证明我们想尽量不被边缘化，尽量做自己喜欢的事，尽量不受伤害地活下去。

前些天，我和同期入职报社的女同事好不容易聚了一次餐，受疫情影响，我们都好久没碰头了。报社跟夜世界其实有许多共同点。置身于报社，自然也能见证人性中的愚蠢和卑劣，自己公司、采访对象和同行的其他公司都是大叔占绝大多数，因此在报社工作的女性往往会变得善于向现实妥协。无论是在求职过程中，还是在入职之后，或是在永田町、霞关、兜町❶采访时，我们每天都会遇到大量的"小山口敬之"❷、"小佐佐木宏"和"小森喜朗"。要是每次都鼓起勇气狠狠抗议，为了不再出现受害者而积极检举，就无法集中精力完成好不容易抓住的记者工作，只会把自己搞得身心俱疲，所以我们也有苦衷，如果不把那些事当作毫无意义的琐事而置之不理，我们就无法生存。我有很多朋友并不怀疑社会变革的重要性，也大体上赞同女性主义者的抗议，但她们还是更重视自己的生活和幸福，重视公司的环境是否舒服，认为小伤口放着不管也会愈合，也变得善于疗伤了。

---

❶ 永田町是国会议事堂、首相官邸等机构的所在地，霞关是政府机关集中地，兜町是东京证券交易所的所在地。

❷ 山口敬之，曾是 TBS 电视台记者，被媒体称为"安倍御用记者"，因对伊藤诗织实施性侵而被控诉。

我在报社只待了不到六年，但同期入职的朋友中有的已经是有十三年资历的中层，有的当上了记者俱乐部的领导，有的在主持新项目，有的生了两个孩子回归职场。她们有时候也只在自身处境比较从容的情况下，才能为改善公司制度出力，声讨不合理的规矩。但站稳脚跟以后，她们也有需要顾忌的情面，尽管看不惯小森喜朗们略带性别歧视色彩的言论，可想到他们也有值得尊敬的地方，也就不好说什么了。她们无法出声抗议微小的不适，沦为某种"拎得清"的女人，并因此产生难以名状的愧疚，但她们还是带着一身的伤痛乘风破浪，出人头地，做着自己喜爱的工作。在我看来，她们同样是斗士。我们这一代人肯定也积累了某种成果。硬说是什么成果的话，我最近觉得，大概就是对付渣男的实用方法吧。

也许因为很多同辈朋友在击退渣男方面经验丰富，所以我这种念头格外强烈。我觉得假装不痛的逞强态度和把痛喊出来的态度同样可贵。因为双方都不曾畏惧严苛的现实，咬牙坚持。有位朋友说，我们这一代人很懂怎么对付色狼。她的言外之意是，我们持性本恶的观点，认为男女同乘的车厢里永远都会有色狼出没，久而久之就成了专家，深知遇到色狼时该怎么逃、辣椒喷雾该怎么用、如何挑选被人摸了也不会明显感觉到的衣服，而不去质疑"有色狼"这一结构本身，无论好坏，这都是我们一直以来采取的态度。我觉得这句话精辟概括了我们的心境。想用钱摆布女人的男人永远不会变少，那就以青春为武器，把他们的钱统统卷走；性骚扰言论永远都不会消失，那就干脆戴着耳塞工作；总有男人想睡单纯的年轻女人，所以要多留个心眼，不要孤男寡女出去喝酒；刚进公司的时候要多讨大叔上司的欢心……像这样绞尽脑汁为自己创造容身之地的过程，确实和学习如何对付色狼的过程相似。即便内心暗藏一定的反抗精神，表面上看起来也是森先生所谓"拎得清"的女人。也许正因为我们只精通逃跑的方法，色狼才没有变少。我也意识到，正因为我们心底已经对男人灰心，认定色狼永远都不可能绝迹，才会优先采取应对策略而非试图改变社会。

我会产生难以名状的负罪感，原因在于如今越来越多的女性不再敷衍了事地说"反正男人就是没救了"，而是发声抗议，有时还取得了成效（好比和奥运会有关的一系列风波）。这些事实让我认识到，我们当年放弃的东西、我们认为放弃才更明智的东西其实是可以改变的，这让我下意识地自卑。但与此同时，我仍然认为掌握对付色狼的方法也相当重要。

令人备受鼓舞的是，社会已经相当欢迎指出结构层面的不均衡并呼吁改革的声音，而且受科技进步和女性力量的影响，以前不被视为问题的事情现在也得到了正视。但我也产生了些许危机感，觉得遇到渣男时的应急处理方法相对地被忽视了，或者说，谈论对付色狼的方法有可能被人攻击"对结构的批判还不到位"。在强制拍片问题❶受到关注的时候，我也不敢随便分享"如何辨别在街头跟你搭话的是不是黑心星探""AV 女演

---

❶ 日本发生过多起逼迫女性拍摄 AV 的案件，一般由自称星探的男性接近女性，以当模特或演员的名义骗她们签下黑心合同。

员如何才能顺利隐退"这样的知识,而是必须非常慎重地选择发言场合,否则就很容易被认为是在为这个行业乃至社会的邪恶本质辩护。

遥想近二十年前,也就是夜世界和情色行业还处于起步阶段的时候,社会上也有很多坏男人,也有很多利用女性弱点的人,即使大部分无意识的暴力被消除,社会多多少少变好了,这样的人也不会消失。因此我认为,质疑结构本身(我们这一代容易忽视的事情)和姑且应对当前的现实、以免受到伤害(现在的年轻女性容易忽视的事情)必须两手抓。可要是把后者做到了极致,便会助长男人逃逸的倾向。若是一味追求前者,就会把自己逼得走投无路,遍体鳞伤。同时做好两件互相矛盾的事可真难啊。

您在上一封信里写道:"人性中的卑劣与嗜虐、优越感与嫉妒心恐怕永远都不可能消除。"曾经的我认可这一观点,而这一观点蕴含的前提是"纠正行为是有意义的",但我总是下意识地回归"反正男人无药可救"的思维。此刻的我一边反省,一边全方位地、发自内心地感到认同。但我也觉得,除非卑劣与嗜虐消失不见,否则卖娼、强奸、色狼和性骚扰都不会从这个世界上完全消失。尽管我打心底里认为,强奸的受害者不应该内疚,也不应该让她们陷入自责或是受到他人的责备,但我仍然希望那些尚未成为受害者的人能知晓如何不被强奸。这不是在追究受害者的责任,只是希望大家能在这个坏男人(当然还有坏女人)遍地跑的社会平平安安地活下去。可我要如何传达这一点，又不让已经受到伤害的人自责呢？最近我一直在琢磨，我要如何告诉女生"你们得再聪明一点，在街上被自称AV星探的人搭讪，也千万别跟着走"，同时又不伤害那些已经受到伤害的人呢？好难啊。

通过与您对话，我认识到自己对广大男性抱有些许蔑视，绝望地认为男人心底的欲望不会改变，亵渎了那些有意改正态度的男性。对此，我也进行了反思。肯定有许多男性比我高中时透过单面镜看到的男人聪慧得多，也可敬得多。"应该用什么样的话语来否定卖娼，否定将自己的性用作商品"是我给自己布置的课题，而这次反思让我看到了些许曙光。

在此基础上，我希望那些比我年轻、比年轻时的我更积极主动拥抱变革、有自我牺牲精神、不断汲取新价值观的女性多留个心眼，学会应对尚未彻底改变的男性、揪着陈旧价值观不放但没有恶意也全无自觉的男性，以及不属于"大多数男性"的卑鄙罪犯，不要不当回事。也许对社会变革来说，大多数男性的认识更为关键，但我觉得对付少数坏男人往往才是安全生活的必要条件。"我必须在此高声抗议！""我必须鼓起勇气告发！"……我由衷敬佩这样的想法，但因为了解这个行业过去的模样，所以我深知社会产生了些许变化，坏人伪装得更巧妙了，碰到坏心眼的大叔得撒腿就跑，否则就会卷入危险。做"拎不清的女人"很棒也很酷，但我有时也会嗅到危险。我殷切希望，社会变革和追求个人幸福可以越来越容易兼容，变革者能够在幸福生活的同时对社会提出抗议，而不至于陷入危险。

非常感谢您在这一年里真诚回答我的提问（其中也不乏幼稚青涩的问题）。从性的问题到女性的活法，再到女性主义的现状……我们进行的广泛讨论，对我和读到这些书信的同龄人（比如变得有些过于现实的老同事与朋友）来说都有良性的刺激，定会成为帮助我们决定人生方向的精神食粮。事实上，最近与女性朋友碰面时，我们时常聊起这样的话题："现在这份工作我还挺喜欢的，可是总感觉不满足，今后的人生到底该往哪里走呢？"换作以前，我们可是三句话不离恋爱，成天吐槽男人。也有许多朋友告诉我，她们特别期待看到我们的书信，内容相当发人深思。我对您的观点深感赞同，但时不时仍会觉得男人就是蠢得不可救药，这种秉性也许并没有改变太多，不过我会逐一反思心中的这些想法，在写作之路上继续前行。

2021 年 4 月 6 日
铃木凉美

> 将自身利益放在首位的女性定能改写女人的生存策略。

铃木凉美女士：

哎呀，这就最后一轮啦。

一年真是转瞬即逝。

书信是一种技术含量很低的工具，但纸面上的对话比面对面交流更加深入，还能展开你来我往的辩论，给我带来了不少刺激。而且比起写给广大读者的文章，收信人非常明确的书信不容许敷衍和糊弄，逼得我写下了不少在其他地方从未说过的话。只能说我是完完全全着了编辑的道吧。你疑惑为什么自己被选中，其实刚接到邀约的时候，我便为编辑的"阴谋"暗暗叫好。因为我早就对你产生兴趣，直纳闷编辑是怎么知道的。

用这封信画上圆满的句号真是再合适不过。用社会学术语说，我们谈论的就是如何在实践上打破"结构与主体"的困境这一基本问题。

你写道：

质疑结构本身（我们这一代容易忽视的事情）和姑且应对当前的现实、以免受到伤害（现在的年轻女性容易忽视的事情）必须两手抓。

话是没错，可两者兼顾何其艰难。

若以"场面话"（原则）和"真心话"区分，前者就是场面话主义，后者是真心话主义。妇女解放运动一代的女性被同辈男性的表面一套、背后一套耍得团团转，受够了他们的场面话，于是将男人从"革命"这种非日常状态拽进了名为"日常"的战场。但即便是在那里，她们搞不好也活在"男女平等"或"平均主义"[1]这样的场面话中。再说了，如果公共领域的结构完全不变，只在私人领域实践那些冠冕堂皇的原则，男女双方肯定会互相折磨，搞得遍体鳞伤。这类夫妇在我身边已是尸横遍野。如今人们热烈讨论"选择性夫妇别姓制度"，另外也确实有人对法律不屑一顾，选择事实婚姻，忍受着各种歧视，生下并抚养子女，并坚持在法庭上反抗对非婚生子女的歧视，但不是所有人都能做到这个地步。

我认识很多夫妇，他们觉得再嚷嚷也没用，选择接受现实，优先考虑孩子的利益，于是在孩子出生的同时成为合法夫妇，这是因为日本的制度在各方面都有利于登记婚姻的夫妇，他们也无法要求别人放弃这种优势。个人能否在相同的结构下做出与他人不同的选择，取决于他们的可行能力，即有没有相应的资源和选项。

你们这代人的犬儒主义也许就是"再嚷嚷也没用（反正……）"的真心话主义吧。这几年掀起了回顾1970年安保斗争的五十周年热潮[2]，如果政治犬儒主义是学生运动一代留给下一代的遗产❶，那不得不说他们罪孽深重。互联网这种全新的信息工具为真心话主义提供了展现的舞台。

思考"结构和主体"时，我总会联想到"慰安妇"问题。这个问题极其复杂，致使日韩关系恶化到了史无前例的地步，支持者和学者内部也产生了种种分歧。站队的标准之一就是朴裕河女士出版的《帝国的慰安妇》一书。这本书之所以出名，是因为幸存"慰安妇"告它诽谤——这本书认为，加害者（"皇军"士兵）和受害者（朝鲜"慰安妇"）之间其实存在"同志关系"，同一种结构逼得前者奔赴险地，使得后者不得不从事性劳动。积极为"慰安妇"问题寻找解决方案的人本就是少数派，却针对此书观点出现了分歧。

我、兰信三与平井和子筹备两年，出版了《战争与性暴力的比较史研究》，以求抛砖引玉。其中收录了平井和子女士的文章《士兵与男性性：去过"慰安所"的士兵和没去"慰安所"的士兵》。当年有"慰安妇"和日本士兵殉情，也有人和士兵两情相悦。她们在严酷的环境下寻求聊以慰藉的关系，这完全可以理解，而且据说她们不收"相好"的钱。当时，她们是日

---

❶ 70年代参加过安保斗争、越南反战运动的一代有犬儒主义倾向，日本社会直至2011年核灾前都未出现大规模的抗议运动。有学者解释称，这是因为他们目睹了自己衷心信仰的理念在实践中造成了与期待完全相反的悲惨结果。

本帝国的臣民，在前线穿着和服，改成日本名字，穿着传统日式围裙、挥舞着日本国旗给出征士兵送行。这可能是迫于没有选择余地，在那种情况下存在"同志关系"也是可能的，在日军占领的地方，她们就是被占领国人民眼中的"日军走狗"。也有一些女性施展与生俱来的才智，广受士兵追捧，如"慰安妇"索赔案的原告之一文玉珠女士。站出来说自己当过"慰安妇"的女性都是从"慰安妇"的残酷现实中幸存下来的人。她们之中肯定有一些人采用了形形色色的生存策略。我们对这些历经艰险的幸存者怀有满腔敬意。

照理说，指出"慰安妇"经历的多样性，绝不意味着替她们所处的严酷结构开脱。恰恰相反，个人在结构的胁迫下带着必死决心行使的生存策略反而凸显了结构的严酷。朴女士的书读来让人唏嘘不已，它展示了大日本帝国殖民统治对朝鲜半岛的深度压迫，就是这种压迫让当地女性迫不得已和敌方士兵结成"同志关系"。然而，这本书遭到了拒斥，其支持者也备受责难。

这本书还收录了茶园敏美女士研究"潘潘"❶的文章《名为性的接触区：自自据经历说开去》。在日本，对潘潘的研究一直是学术界的禁忌。占领期是人们不愿回忆的过去，潘潘更是人们不想放到台面上讲的耻辱，当事人的证词少之又少，连使用潘潘这个词都会遭到限制。而战后出生的女性学者拿起这个主题，揭示日本女性在战败和占领时期权力压倒性不对称的情况

---

❶ 在驻日美军基地提供性服务的日本女性。之所以叫"潘潘"，有说法称是模仿深夜"慰安所"的敲门声，也有说法认为来自美国大兵召妓时的拍手声。

下，如何利用她们仅有的资源"性"，采取多样化的生存策略。在女性没有参政权的时代，她们被卷入男人自说自话发动的战争，又被迫置身于战祸和占领的荒谬局势。女性大可争辩"依附打了胜仗的男人有什么不对"，但在打了败仗的男人看来，她们就是屈辱的象征。茶园女士的研究动机就是帮助被战后史记忆排除在外的"潘潘女郎"恢复名誉，同时为有类似经历但终究没有站出来的广大日本女性创造发声的机会。我们敬佩她们顽强的生存策略，但没有理由也没有必要为战败和占领的结构性强制开脱。我们这个项目旨在寻求一种复合型的方法，在结构和主体间的夹缝中，尊重既不能还原为结构、也不能还原为主体的能动性，同时不为结构的暴力开脱。[3]

遗憾的是，我们似乎还远未克服这一困难。

我一直想在信中提一提"慰安妇"问题，却迟迟没找到合适的机会，总算在最后一轮如愿了。这是因为我觉得，你关注的性暴力受害者与"慰安妇"的立场在结构上属于同一类型。

比如，你在信中写道：

> 尽管我打心底里认为，强奸的受害者不应该内疚，也不应该让她们陷入自责或是受到他人的责备，但我仍然希望那些尚未成为受害者的人能知晓如何不被强奸。这不是在追究受害者的责任，只是希望大家能在这个坏男人（当然还有坏女人）遍地跑的社会平平安安地活下去。可我要如何传达这一点，又不让已经受到伤害的人自责呢？

"是你自己跑去那种地方的,活该!""都怪你毫无防备,随随便便跟人家走了!"……性暴力受害者时常遭到这样的指责。还有一些女性为了将伤害降到最低而迎合加害者,并为此自责不已。这就是自我负责理论。也许你们这一代人被过度灌输了这种观念。但是,无论你穿什么衣服、在几点去了哪里、是多么天真无知,毋庸置疑的是,错的是加害者,受害者没有责任。

自由主义的自我负责理论有一个前提:个人在完全知情的情况下是可以自由进行自我决定的主体。但这是一个神话(毫无根据的幻想)。承认自己是"结构"暴力的受害者绝非溃败(不过是直视现实,没有自欺欺人罢了),若你基于"主体"的选择,调动手头的所有资源(无论资源多么有限),想办法生存下去,那就值得称赞。

专门研究性骚扰和家暴的心理咨询师信田小夜子在最近的著作《家庭和国家的共谋》中写道:"承认伤害并非屈服,而是抵抗。"那不是软弱的表现,而是坚忍的证明。

不过话说回来,肯定也会有男性读者看到我们的书信——但搞不好他们一看到我俩的名字就直接跳过去了(笑)。你在信里写道:"在我和同龄人心中,对男性的信任好似风中残烛,已然消失殆尽,而我想把这次连载变成一个契机,促使大家思考如何重拾这种信任。"我很想知道,他们看到这段话会做何感想。

每次和周围的男性谈起色狼和性犯罪,他们的反应都是"我就和他们不一样""我从没干过",但他们中不乏经常享受风俗服务的人,妻子被出入风俗店的丈夫传染了性病也是常有的事。战争期间去"慰安所"的士兵其实都是普通的日本男性。也有些具有想象力的男性会想,自己如果置身于同样的情况,搞不好也会干出同样的事情。

我没有遭受过家庭暴力,也没有虐待过孩子(因为我没有把自己置于那种情况下),但我可以理解、共情那些曾置身其中的女性。援助"慰安妇"的女性运动之所以不断壮大,正是因为那些不用成为"慰安妇"的女性产生了伴有疼痛的共鸣,觉得"遭遇不公的也可能是我"。1991年第一次看到"慰安妇"的报道时,我也感到了切身之痛。女性运动让那些不是直接受害者的女性也参与进来,带头解决女性面临的困境。因为我们感觉到,其他女性的过去也许就是自己的明天。

可为什么要由作为受害方的女性出面解决性暴力问题呢?我百思不得其解。男人的问题难道不该由男人来解决吗?是色狼逼得女性不再信任男性,可广大男性为什么不将怒火对准色狼?为什么男性不主动发起打击色狼的运动,还把女性的指控看成诽谤,坚持主张"色狼蒙冤"?最有资格对性骚扰者感到愤怒的就是不会性骚扰的男人,可他们为什么要反过来包庇败类,而不是痛骂?出入风俗店的男人为什么不引以为耻?⋯⋯男人可真是难懂。

也许答案显而易见:"男人就是这样。"但真是这样吗?如果"男人就是这样",那他们应该也有"说不定我也会……"的同理心。照理说,有了这样的同理心和理解,他们应该更愿意面对男人身上的危害性。女性运动一直建立在这种同理心的基础上。如果没有与女性运动相匹敌的男性运动,原因只可能有两个,要么是男性没有意识到自身的危害性,要么就是他们从中受益。

如果这个问题绕来绕去,又回到了"男人就是这样",那么正如你所说,"对男性的信任"就会像风中残烛那样"消失殆尽"。

不过我感觉,每一代人接受"男人就是这样"的方式存在一定差异。我母亲那一代将"男人就是这样"作为不可改变的前提,在那样的大环境下她们的生存策略是一味隐忍,"给足男人面子,好好捧着就行了",并把这种"女性的智慧"传授给了女儿。而她们的女儿,也就是我这代人看着父母的背影长大,心想"这也太荒唐了",拼命反抗却不断碰壁,遍体鳞伤。你们这一代相当于我们的女儿,也许你们认识到了墙有多厚,以侮蔑男人为代价,学会了如何以更狡猾、更省力的方式活下去。"拎得清才更占便宜"大概也是你们的选项之一。再下一代的年轻女性生于少子化的时代背景,在父母的呵护下长大成人,坚信女人在各方面都不比男人逊色,所以发出了无比正当合理的呼声:"我无法忍受这样的不公!""岂有此理!"

我丝毫不认为你所描述的那一代"比我年轻、比年轻时的我更积极主动拥抱变革、有自我牺牲精神、不断汲取新价值观的女性"是在"自我牺牲"。恰恰相反,我认为日本史无前例地涌现了一大批将自身利益放在首位的女性。长久以来，日本女性的"女人味"总是与不顾自身利益、把丈夫和孩子放在第一位的美德挂钩（即使在今天，"母性"也要求母亲自我牺牲，但没人要求父亲这么做）。当然，人人都是利己主义者，无论男女，但女人一直被置于"只能通过男人追求自身利益"的结构下，所以她们的生存策略要么是勾引男人，不然就是利用男人。加纳女性找"干爹"也是这种生存策略的体现。置身于这种结构，女性当然会最大限度利用手头的资源维持生存，岂能责怪。我甚至觉得，那些嚷嚷"想当家庭主妇"的姑娘也不是在开倒车，而是出于自身利益做出了选择。把这个选择翻译成大白话就是，她们一点都不想要全心全意相夫教子的人生，只是在利用社会性别术语粉饰"我想要远离竞争社会，过上舒适生活"这个（男人无法选择的）选项罢了。如今的女性不必依赖男性，也可以追求自身利益。她们不必期望男人说出"我想给你幸福""我会一辈子保护你"之类的话，而可以抬头挺胸地说："自己的幸福自己争取！"

出现这样一大批"厚着脸皮"优先自身利益的姑娘是我喜闻乐见的，因为男人打从一开始就把自己的利益放在第一位，人都是天生的利己主义者，最看重自己，无关性别。大人比小孩重要——这么简单的道理，根本用不着太宰治点明❶，但以前这话只有男人能说，女人说不得。不过现在女人也能说出口了。

---

❶ 太宰治的短篇小说《樱桃》反驳了"大人要以孩子为重"的说教。

不用说，孩子站在自己的角度上也会说"我比父母重要"。孩子没有必要牺牲自己来照顾父母。如果你不喜欢父母，大可以转身离开。在采访照护问题的过程中，我对此深有感触。

再扯远一点，其实活着就是孤独地面对自身的利己主义。只有建立起彼此自我对等的纠葛，男女之间才能有正经的恋爱。

最后说几句贴心话吧。

你从小在父母的关爱中长大，对很多事情都满不在乎，大胆而叛逆，有那么一点点坏心眼，但也有"良知"，懂得把握分寸，能在失控前刹车。你仍未走出污名化的过去（不知道的人可能就当那些是年少轻狂时的"冒险"而已），是一位智慧和表达能力过人的作家……这便是我眼中的你。虽说你带着污名，可"前 AV 女演员"这顶帽子还有多大的分量呢？人生路还长着呢。基于过去的经历给自己布置"作业"固然重要，但今天的你并不完全是那些经历塑造的，一如性暴力的受害者也不是只靠那些伤痛过活。再说了，世人没有心思记住他人过往的每一个细节。只要你一步一个脚印，用心写每一篇文章，读者便会想："哇，她居然拍过 AV！难怪这么理解性工作者"或"难怪对男人这么苛刻"。"你现在是谁"比"你过去是谁"重要得多。

去做你真正想做的事吧，别为了眼前的蝇头小利迎合媒体（尤其是男权媒体）的需求，扮演某种角色。到了四十岁上下，人生的太阳便会渐渐西斜。届时你会痛感人生有限。给人生中重要的事情排一排优先级，千万别颠倒了主次。

在这一年里,我总忍不住用亲戚大妈的口吻和你说话。尤其是得知你小小年纪就失去了母亲之后。你肯定嫌我太唠叨,烦死人了(笑)。你对母亲又爱又恨,但你应该从她那里得到了许多东西。想必你的智慧就是在与母亲的智慧对抗中得到了磨炼。而且像她那样将自己的智慧和情感全部倾注在女儿身上的母亲也是难得一见。我曾说庆幸自己拥有一位"愚蠢的母亲",但那其实是反话。"聪慧的母亲"能看透女儿的心思,将女儿逼入绝境,借此磨炼她的自我。一个大人倾其一生与你面对面,这也是无比珍贵的馈赠。

我没有生孩子的原因之一在于无法选择孩子的性别。万一生了个女儿……我无法抑制这种恐惧。女儿会识破母亲的阿喀琉斯之踵,成为她最激烈的批评者。青少年时期的我一定是个非常不讨母亲喜欢的女儿。要是我身边也有那样一个女儿……光是想象那一幕,我都两腿发软。我逃避了与母亲的对决,但为了接纳她的人生,也为了肯定自己,我恐怕不应该逃避的。

经过长达一年的通信,我对你的兴趣越来越浓厚了。我一定会继续关注你所做的事和你选择的人生道路。

我在四十岁出头的时候失去了母亲,只能捧着堆积在我们之间的课题,没完没了地絮絮叨叨。与母亲在一起的时光戛然而止,让我深陷无法挽回的情绪之中。

母亲走了一段时间以后,我半夜里给一位女性朋友打电话,感慨万千道:

"原来逝者也是会成长的啊……"

当然，改变的是我，不是逝者。但我在内心与亡母的对话慢慢变了。宽恕和被宽恕的感觉将我填满。逝去的母亲永远都是那个模样，但我与她的关系会变。我相信你也仍在与母亲对话。

高桥和子女士❶是另一位对令尊影响巨大的女性，我对她也很感兴趣。令尊至今住在位于镰仓的高桥故居，真希望有朝一日能和你一起上门拜访。

期盼疫情平息的那一天。

于疫情之下的第二个春天
上野千鹤子

[1] 男女都该花时间照顾孩子！联络会编撰，《男女均分主义：不是煮夫，亦非主妇》，学阳书房，1989年。

[2] 全共斗白皮书编辑委员会编撰，《全共斗白皮书》（新潮社，1994），续·全共斗白皮书编撰执行委员会编撰《续·全共斗白皮书》（情况出版，2019）。代岛治彦导演的作品《在你死后》（2021）是一部纪录片，旨在追悼1967年10月8日死于羽田斗争的京都大学学生山崎博昭。

[3] 上野千鹤子，《序章：战争与性暴力比较史的视角》，《战争与性暴力的比较史研究》。

---

❶ 高桥和子（1932—2013），小说家。铃木凉美的父亲铃木晶是她的弟子。在高桥生前，铃木晶一家都住在她位于镰仓的家中。

代后记

上野千鹤子女士：

重看这一年的往来信件，我再次深感此次连载好似天赐良机，促使我深入思考搁置已久的种种问题，同时意识到自从母亲去世，我便失去了可以大胆分享自身问题（包括羞愧和痛苦）的对象。直到今天，我对自己、女性和社会的看法仍然摇摆不定，而您每次都结合自身经历、历史与最前沿的话题，将问题明明白白地摆在我面前。请允许我再次致以诚挚的谢意。多亏您的点拨，我发现了许多以往的自己不可能拥有的视角，有时也不得不接受自己不愿承认但也许正如您所说的一面。

正如第一封信所坦白的那样，从高中直至现在，我一直强烈抵触"站在受害者的角度上发声"。和"真可怜""你需要被拯救"这样的目光相比，我毫不在乎"真不像话""这样不好"之类的评语。我尽可能地笑对降临在自己身上的伤害和不幸，权当是不走运。即便男人的眼神里有轻视和羞辱，我仍会一笑了之，告诉自己那不算什么。我一直以来坚信，若要避免伤害、避免走投无路、充分享受人生,这样的态度必不可少。从某种意义上讲,"反正男人就是没救了"是我想将男人的危害处理成无害(而您指出这是一种亵渎),也是我回避作为受害者活下去的必要条件。

在与您通信的过程中,我反思最多的便是自己哪怕受到伤害也绝不承认的态度。我总是因此倾向于认定男人不值得当真为之愤怒。不得不承认,正是这种态度导致我缺乏变革的想法,也缺乏对他人的尊重。

正如在书信中回顾的那样,这些年我之所以坚持打肿脸充胖子,是为了尽可能不因身为女人而受到伤害,并在此基础上活下去。我抵触受害者视角的另一个原因是,经验告诉我,女人受伤的模样会成为男人的消费对象。从原味店到援助交际,再到 AV 女演员这样的夜班,我自然而然认识到,男人就喜欢看女人哭天喊地。特别是女高中生的性问题成为热点话题时,我只觉得大人强加的伤痛(比如"你们不知道这是在伤害自己""以后就知道痛了")让人很不舒服,同时也预感到,也许我们受伤的样子才是这些大人喜闻乐见的。事实上,在我拍片的那段时间,那些以悲剧色彩描绘 AV 女演员成长经历与现状的文章和漫画也很有销路。说得再具体些,AV 女演员的出道作和转型作里若要穿插纪录片形式的访谈,导演就会指示演员释放情绪,掉几滴眼泪,甚至有导演说"观众就是看着演员的泪水撸的"。我不光拍过片,好歹还写过关于 AV 行业的论文,所以比一般人更了解 AV 女演员在纪实作品和杂志报道中被描写成了什么形象。

正如您在信中所写的那样，这些经历让我"学会了轻视男人"，并形成了一种心态，让我拒绝以受伤的模样取悦碍眼的大人。我也不想被煽情的语句描写成一个受伤的女孩。夜店和风俗业的女人起初只是出于单纯的目的学习取悦男人的方法，不过是因为"他们爱听这种话""他们喜欢这样的举止""这样的动作好像能让他们感到舒服"。渐渐地，她们会产生更复杂的理解：些许不幸与泪水能加深魅惑的程度，但女人也有可能反过来利用这份领悟，看不起因此被取悦的男人，只在工作中装出受伤的模样，心里却想着"休想让我受伤"。心理学家岸田秀的书《性的唯幻论序说（修订版）》引用了小说家松浦理英子发表在《朝日周刊》上的文章（"'强奸是对女性最大的侮辱'这句话，哪怕撕烂我的嘴，哪怕强奸我到阴道撕裂，我也绝不会说"），并表示"侮辱女性是强奸者兴奋的条件，我们应该予以根除"。我觉得他的论述与我的态度有共通之处，因为我也通过研究取悦男人的方法学会了轻视男人，因而不再想取悦他们。我也在同辈女性身上或多或少发现了这种心态。尽管它有时能发挥处世之道的作用，但我还是在信中反复质疑自己，因为我意识到这种心态稍有不慎便会对他人或自己造成二次伤害。

直到今天，我思考男人的时候还是会下意识联想到 AV 的场景设定和男人的兴奋点，忍不住怀疑他们是否值得我认真对待。"认识到自己的态度有问题"和"由此改变长久以来的生活方式"之间还有一定距离。正视伤害，质疑造成伤害的结构本身，又不损害实际生活中的幸福感……正如我在上一封信中感叹的那样，这几件事之间的平衡非常难把握。相信在今后的人生路上，我依然会带着几分打肿脸充胖子的性情，应对习惯"下意识地笑对降临在身上的不幸"的自己。不过这一年的通信确确实实改变了我，您的每一封信仿佛都在我的活法上打了一个问号。无论对方是多么高高在上的人或血肉相连的至亲，与他们的对话几乎都无法消解我相当坚定的执念。但与您的对话不仅仅是一种刺激，更堪称无上的幸福。我也想借此机会，感谢幻冬舍的竹村优子女士创造了这样一个幸福的机会。同时感谢小木田顺子女士一直以来对我的写作事业的支持。

"你现在是谁"比"你过去是谁"重要得多——用温柔来形容您最后的寄语并不贴切。它好似利刃，无比严厉地刺入我的背脊。我会努力改变精明而迟钝的自己，鼓起勇气打破对自身性情的定义，超越种种抵触，去更广阔的天地尽情表达。

2021 年 5 月 27 日
铃木凉美

铃木凉美女士：

一年真是一眨眼就过去了。

起初我心里也有些忐忑，好在顺顺利利进行了十二轮通信，总共二十四封。这是一场没有海图的航行，每个回合都教人满怀期待，好奇接下来会发生什么。

我对每一件没做过的事情都兴致盎然，还特别喜欢与人合作。合作对象都是我感兴趣的人，在合作中不仅对对方感到诧异，还看到了由此牵出的闻所未闻、见所未见的自己，目瞪口呆……在这次通信中，我也尝到了这种滋味。

尤其这次的合作对象是与我差了一辈的你，这逼得我回想自己在你这个年纪时的种种。你肯定也无法想象自己到我这个年纪之前会走过怎样的岁月。

重读书信时，我发现第一轮和最后一轮形成了完美的闭环。或者说，也许我们只是在同一个圈子里打转。用社会学的话来总结，大概就是如何突破"结构与主体"这一困境。在人生的尾声，我有幸得到你这位难能可贵的收信人，再次认识到自己在多大程度上被历史所定义。人无论活到多大年纪，都能有新的发现呢。想象你五六十岁会是什么模样，也是乐事一桩。只可惜那时我十有八九已经不在这个世界了。

使这些发现成为可能的，正是书信这种慢如蜗牛的对话形式。而且我们的每一封信都写得很长，信息量远超仅限一百四十字的即时交流。策划者是幻冬舍的编辑竹村优子女士。虽然这本书是你我二人合著，但她绝对称得上是第三位作者。每次发稿件过去，她都会结合自身经历给出深刻的点评。不难想象，她对你肯定也是如此。编辑是稿件的第一位读者，知道自己想要表达的东西完完全全被读者接收到了，对作者来说也是莫大的鼓励，而且她的点评总是一针见血，堪称"编辑的楷模"。听说校对老师也都很期待每期的内容，还有读者感叹"看得我大气都不敢出"。由衷感谢大家。本书的装帧工作由铃木成一先生负责，我们的缘分可以追溯到我年轻时出版的《裙子底下的剧场》。

我相信每位女性读者都能在这本书里找到极有共鸣的部分。那男性读者呢？你在最后一封信里说，你们这一代女性"对男性的信任好似风中残烛"。在之前的信里，你也反复问我"如何能对男人不感到绝望"。

我觉得我们也在这本书里反复探讨了"何为男人"。

有女人因为疫情被迫进入性产业，其中也有女人因为感染疾病的风险濒临失业。这个行业中存在一种不对称，出售性的女人暴露在好奇的视线之下，购买性的男人却从不被质疑。男人动不动就想占女人的便宜，色狼、偷拍、儿童色情制品、性虐待、援交、外卖茶、找干爹、射精产业……购买性的男人构建起了性市场，并且让买春成了男人的"出厂设置"。面对此情此景，广大男性就没有一点意见吗？

"男人们！"是编辑部拟的备选书名之一。据说副标题是"男人是可以信任的吗"，然后书腰上写"性工作的代价，是丧失对男人的信任。谨以此书献给即便如此也不放弃争取平等、坚持斗争的女人与男人"。是不是还有个备选叫"不再当受害者与加害者：写给冲破结构和主体困境的女人"？不过最后还是选了现在的书名。我不怎么奢望男性读者拿起这本书，却很想听听他们的感想。

我们总是行走在时代的边界上，难以展望未来。谁能在几年前预料到新冠病毒的爆发呢？又有谁能预测强行举办奥运会的后果呢？况且历史并不总是直线前进，进一步又退两步也不是不可能。你十有八九能比我活得久（可千万别走在我前头呀，这事得按顺序来），你会看到多少我无缘得见的景象呢？……尽管我不相信存在阴间，却想在那个时节回到阳间瞧上几眼。

要是可以每隔几年与你探讨各自的衰老与成长就好了。

在那之前，请务必珍重。

写于 5 月晴天
上野千鹤子

图书在版编目（CIP）数据

始于极限：女性主义往复书简／（日）上野千鹤子，
（日）铃木凉美著；曹逸冰译. -- 北京：新星出版社,2022.9（2023.3重印）
ISBN 978-7-5133-4936-9

Ⅰ. ①始… Ⅱ. ①上… ②铃… ③曹… Ⅲ. ①妇女学
－普及读物 Ⅳ. ① C913.68-49

中国版本图书馆 CIP 数据核字（2022）第 094988 号

始于极限：女性主义往复书简
[日] 上野千鹤子　[日] 铃木凉美　著
曹逸冰　译

出版统筹	杨静武
责任编辑	汪　欣
特约编辑	蔡　笑　欧阳钰芳
营销编辑	陈　文　金子茗　闫砾心　朱雨清
封面设计	韩　笑
内文制作	王春雪
责任印制	李珊珊　万　坤

出　　版	新星出版社　www.newstarpress.com
出 版 人	马汝军
社　　址	北京市西城区车公庄大街丙 3 号楼　邮编 100044
	电话 (010)88310888　传真 (010)65270449
发　　行	新经典发行有限公司
	电话 (010)68423599　邮箱 editor@readinglife.com
法律顾问	北京市岳成律师事务所

印　　刷	河北鹏润印刷有限公司
开　　本	850mm×1168mm　1/32
印　　张	9.5
字　　数	150千字
版　　次	2022年9月第一版　2023年3月第九次印刷
书　　号	ISBN 978-7-5133-4936-9
定　　价	59.00元

版权专有，侵权必究；如有质量问题，请与发行公司联系调换。

OFUKUSHOKAN GENKAI KARA HAJIMARU
by CHIZUKO UENO and SUZUMI SUZUKI
Copyright © CHIZUKO UENO and SUZUMI SUZUKI、GENTOSHA 2021
Original Japanese edition published by GENTOSHA INC.
All rights reserved
Chinese (in simplified character only) translation copyright © 2022 by ThinKingdom Media Group Ltd.
Chinese (in simplified character only) translation rights arranged with GENTOSHA INC. through BARDON CHINESE CREATIVE AGENCY LIMITIED, HONGKONG.

著作版权合同登记号：01-2022-2333